‖ 인문교양총서 37

19세기 유럽의 아나키즘

●

채형복

인문교양총서 037

19세기 유럽의 아나키즘

채형복 지음

역락

머리말

  탑승인원 476명 중 295명 사망, 9명 실종.

  세월호 참사가 일어난 2014년 4월 16일을 기점으로 한동안 나의 사고는 멈춰서 있었다. 이 날 우리는 마치 스포츠 중계 방송을 보듯이 바다 밑으로 가라앉는 세월호를 실시간으로 지켜보았다. 극한의 공포 속에서 절규하며 죽어가는 생명들을 지켜보면서도 우리는 아무런 도움도 주지 못했다. 국가, 국민, 이웃 모두 아무 소용없었다. 신에 대한 애끓는 기도도, 그 기도에 응답하는 신도 없었다. 우리는 무력하고, 무능하였다.

  국제(인권)법학자로서 나는 평소 입버릇처럼 생명존중과 보호를 강조했다. 그 중심에 국가와 개인이 있다. 모든 사람은 자유롭고 평등하며, 존엄한 존재로서 행복을 추구할 권리가 있다. 하지만 국가 없이 어찌 개인이 사람으로서의 자유와 존엄성을 존중받으며 행복을 추구할 수 있겠는가. '주권자＝나'의 권리와 의무에 대해 가르치고 인권을 연구했지만, 나는 다분히 국가의 기능과 역할에 중점을 두고 있었다. 그런데 침몰하는 세월호를 따라 국가와 개인 모두 끝 모를 심해深海로 가라앉고 말았다.

  "지난 세월 동안 나는 무엇을 추구하고 배웠는가?" 자탄하였다. 국제인권법 전문가라며 세상에 나서고 거들먹거리던 내 모습이 부끄럽기 그지없었다. "내가 추구하는 지식이 눈앞에서 죽어가는 생명 하나 제대로 구하지 못하고서야 계속 공부를 하는 게 무슨 소용이 있을 것인가?" 자책하고 반성하였다.

　모든 일은 토대가 흔들리면 기초부터 다시 세워야 한다. 학문도 마찬가지. 이십 대 중반, 학문에 입문하던 때의 순수하고 열정에 불타던 초발심으로 스스로에게 다시 물었다. "국가란 무엇인가? 나는 누구이고, 무엇인가? 국가와 나의 관계는 어떻게 설정되어야 하는가?" 나 자신에게 던진 질문을 곰곰이 검토한 후 결론을 내렸다. '주권자-나'와 '종복從僕-국가'의 관계를 재정립하자!

　물고기가 물을 떠나 살 수 없듯 사람은 사회체제를 떠나 살 수 없다. 그 체제의 전형이 국가이고 보면, 국가를 바로 세우지 않고서는 개인의 행복한 삶도 보장될 수 없다는 지극히 당연한 결론에 이르게 된다. 개인과 국가의 관계에 대해서는 수많은 학문적 성과가 도출되었고, 또 다양한 법제도적 장치가 마련되어 있다. 그 가운데 나는 '아나키즘'을 분석 도구로 하여 양자의 관계를 재정립하기로 마음먹었다.

　나는 철학자도, 정치사상가도 아니다. 평소 아나키즘에 대해 깊이 연구한 것도 아니다. 어쩌면 아나키즘에 대해 잘못 이해하고, 소개함으로써 오히려 독자들에게 혼란을 안겨줄 지도 모른다. 그럼에도 아나키즘에 대해 글을 쓰고자 용기를 낸 것은 두 가지 이유에서다.

　하나는, 어느 세월호 희생자 유가족의 절규가 가슴을 저며

왔기 때문이다. "국가가 뭐야? 국가가 어디 있어? 우리가 빨갱이야? 우리도 꼬박꼬박 세금을 내는 시민인데…" 세월호특별법 시행령 폐지를 주장하며, 안산 단원고 어느 희생자 학생의 어머니는 경찰차 아래 드러누워 온 몸과 눈물로 절규하며 공권력에 저항하고 있었다.

먼 나라에서 일어난 남의 일인 양 나는 연구실에서 그 동영상을 지켜보고만 있었다. 불현듯 이 나라 이 땅에서 지식인으로 살아가는 나 자신의 모습이 한없이 부끄러웠다. 국가주의에 의해 희생된 유족들을 위해 학자로서 내가 할 수 있는일이 무엇일까? 고민 끝에 아나키즘의 시각에서 나와 국가의관계를 재정립하기로 했다.

다른 하나는, 현대적 의미에서 아나키즘을 재해석하기로했다. 아나키즘이란 본래 어떤 틀에 고정되어 있는 사상이 아니다. 오히려 아나키즘은 시대의 변화에 따라 새롭게 등장하는 인간의 욕구에 따라 끊임없이 진보하고 변용한다. 아나키즘은 미래에 대한 새로운 비전을 제시하는 가치이자 사상이다. '무정부주의'로 폄하·왜곡되어 인식되고 있는 아나키즘을 시대상황에 맞게 나의 시각으로 해석하고, 생명을 불어넣고 싶었다. 그리하여 내가 살아가고 있는 현실에서 개인의 절대자유를 지향하는 아나키즘의 정신을 되살리고 싶었다.

"인간은 자유롭도록 저주받았다."

사르트르의 이 말은 지독한 역설이다. 그의 말대로 인간이 누리는 자유는 저주일까, 축복일까? 인간은 두 가지 중 하나를 선택할 수밖에 없다. "하늘은 어찌하여 나에게 이 몹쓸 자유를 주었는가?" 저주하고 원망하며 평생 노예로 살다 죽든지, 아니면 "하늘이 내게 준 이 자유는 얼마나 소중하고 고귀한가?" 기뻐하고 감사하며 자유인으로 행복하게 살다 죽든지.

　하지만 어떤 선택을 하던지 여전히 해결해야 할 문제가 있으니 바로 '국가'다. 헌법 제2조 1항은 분명하게 말한다. "대한민국의 주권은 국민에게 있고, 모든 권력은 국민으로부터 나온다." 이 문언에서 보듯이 국가인 대한민국이 행사하는 모든 권력은 국민인 나로부터 나온 것이다. 국가는 주권자인 나로부터 위임받은 권한의 범위 내에서 권력을 행사해야 한다. 만일 위임권력의 범위를 벗어나 나의 자유와 권리를 침해하거나 제한하면 주권자로서 나는 국가권력을 권좌에서 끌어내려야 한다. 이것은 주권자로서 나의 당연한 권리이고, 저항권을 인정하는 헌법정신의 핵심이다.

　2016년 3월 10일 헌법재판소는 "대통령 박근혜를 탄핵한다."는 준엄한 결정을 내렸다. 이 날 우리는 똑똑히 보았다. 주권자인 국민의 명령을 무시하고 무도한 권력을 행사하던 국가권력의 비참한 말로를… 민중이 든 촛불은 전국 방방곡곡 거센 들불로 타올라 마침내 불의한 권력을 법적 정의의 칼날로 심판하였다. 개인의 자유와 생명, 존엄과 안전을 지키지 못하고, 변명과 무능으로 일관한 국가권력을 민중의 일치된 힘으로 법의 이름으로 심판한 이 역사적 사건을 언론은 '촛불혁명'이라 불렀다.

민주주의는 피를 먹고 자란다는 말이 있다. 민주주의는 수많은 사람들이 죽고 다치고 싸우면서 흘린 피의 세례를 받으며 성장해왔다는 뜻이다. 1871년 파리코뮌의 사례에서 보듯이 시민들은 개인의 절대자유를 억압하고 탄압하는 거대한 국가권력에 맞서 목숨 걸고 싸웠다. "자유로운 삶, 아니면 죽음을!" 파리코뮌의 구호에 따라 시민들은 자유 없이 무릎 꿇고 굴종의 삶을 살기보다는 차라리 서서 죽을 각오로 끝까지 정부군에게 저항하며 싸웠다.

파리코뮌은 아나키즘과 아나키스트가 지향하는 삶의 목적이 전형적 혹은 극단적으로 드러난 역사적 사건이다. 파리코뮌 이후에도 아나키스트들에게는 여전히 국가는 "해체되거나 혹은 극복되어야 할 무엇"과도 같은 체제다. 하지만 국가는 사라지지 않았고, 절대자유를 바라는 개인은 국가와 불안한 공존을 계속하고 있다. 아나키즘의 시각에서 '국가와 나', '나와 국가'의 관계에 관한 질문이 시작되는 지점이다.

현실적으로 국가를 없애거나 해체할 수 없다면, 어떻게 해야 할 것인가? 결국 '주권자-나'의 시각에서 국가의 본질을 다시 해석하고 규정함으로써 그 관계를 재정립할 수밖에 없다. 오늘날 '주권자-나'에게 국가란 "극복되어야 할 무엇"이고, 공생 혹은 상생할 수밖에 없는 관계다. 우리는 '국적'을 기준으로 '국민과 비국민'으로 나누는 자국민중심주의와 같은 배타성을 넘어선 연대와 호혜성에 바탕을 둔 개방적 공동체주의로 나아가야 한다. 상호투쟁보다 상호부조가 훨씬 더 이익이기 때문이다.

이 글은 촛불정국으로 시국이 어수선하던 때인 2015년 여름부터 겨울까지 약 6개월 간 인터넷 언론 <뉴스민>에 연재한 원고를 다듬은 것이다. 이 원고를 페이스북에 공유하여 독자들과 댓글로 다양한 의견을 나누었다.

사람들에게 아나키즘은 생소한 주제다. 이에 더하여 아나키스트들은 정치적 목적 달성을 위해서라면 무장폭력마저 서슴지 않는다는 왜곡된 인식마저 갖고 있다. 하지만 아나키즘은 개인의 자주와 자유를 추구하고, 과도한 경쟁에서 벗어나 자연생태적인 인간의 삶을 지향하고 있다. 그동안 수많은 학문적 사상과 이론, 체제와 이즘이 명멸했지만 아나키즘만큼 21세기의 사회모순을 해결할 수 있는 실천적이고 대안적인 학문은 없다고 해도 과언이 아니다.

아나키즘에 대한 연구는 세월호 참사를 겪으면서 가진 학자로서의 일종의 사명감에서 시작하였다. 이 연구는 '19세기 유럽'이라는 한정된 시대와 지역에서 전개된 아나키즘에 관한 것이다. 독자들은 전통적 아나키즘에 관한 다양한 담론과 실천을 이해하고 학습함으로써 아나키즘이 과거의 박제된 이념이 아니라는 것을 알게 될 것이다. 아나키즘은 현대사회가 안고 있는 문제들을 해결하고 극복할 수 있는 새로운 사상과 대안적 이념으로 충분히 활용될 수 있다. 독자들이 현실에서 아나키즘적 사고와 그 삶의 방식을 실천해준다면 저자로서는 더할 수 없는 기쁨일 것이다.

All is for all!
모두는 모두를 위한 것이다!

아나키스트 크로포트킨의 말을
가슴에 품고 사는

2019년 1월 팔공산
우거寓居 <소선재素線齋>에서
필자 씀

오이디푸스 콤플렉스

채형복

1.

신화로 전해오는 이야기다. 신령한 하늘의 기운으로 생긴 이 나라 이 땅에서 아버지-국가와 어머니-국민이 교합하여 아들을 낳았다. 어느 날 아버지는, 아들의 발목을 묶어 산에 갖다버리라, 장차 그가 너를 죽이리라, 신탁을 받는다.

아버지는 시종에게 명한다. 아들을 갖다 버려라. 차마 핏덩이를 죽일 수 없었던 시종은 국가의 명을 어기고 아기의 발목을 묶은 줄을 풀고 목동에게 넘겨주었다. 목동은 다시 그 아기를 이웃 나라 아버지-국가와 어머니-국민에게 바친다. 기구한 운명을 타고난 아기의 이름은 권력이다.

권력은 의붓아버지·어머니를 친부모로 알고 무럭무럭 자라난다. 어느 날 권력은 신탁을 받는다. 너는 장차 너의 아버지를 죽이고, 어머니와 결혼하리라. 권력은 두려움에 온몸을 떨며 낙담한다. 어찌 자신을 낳아 기른 아버지를 죽이고, 어머니와 결혼할 수 있으리오. 천륜을 거스르는 죄를 지을까 두려워 권력은 멀리

길을 떠난다.

　권력은 여행 중에 우연히 길에서 만난 남자와 싸우다 그를 죽이고는 그의 아내와 혼인한다. 꿈엔들 알았으랴, 권력은. 그가 죽인 남자가 자신의 친아버지요, 혼인한 아내가 친어머니임을.

　운명은 가혹하다. 권력은 아버지를 죽이고, 어머니와 혼인해야 한다는 운명을 피하지 못한다. 그 사실을 알고 충격에 빠진 권력은 피 묻은 손으로 스스로 눈을 찔러 맹인이 된다. 그에게 현실은 피하고 싶은 암흑이다. 평생 세상을 떠돌다 권력은 비참하게 죽는다.

　신화로 이어진 역사는 여기서 끝났어야 한다. 그러나 불행하게도 신화는 묻히고, 역사는 흘렀다.

　2.
　성에 대한 호기심을 갖기 시작한때부터 사내아이는 끊임없이 위협에 시달린다.

　너의 뿌리男根를 자르리라. 그 뿌리를 거세하리라.

　나는 왜 사내아이가 가진 뿌리가 없을까. 그 사실을 수치로 알기 시작한 때부터 여자아이는 끊임없이 자기비하와 모멸감에 시달린다.

너의 뿌리는 어디 있느냐? 그 뿌리를 내놓아라.

뿌리를 가진 사내아이는 가진 것을 거세당할까 전전긍긍하고, 뿌리를 가지지 못한 계집아이는 수치와 결핍에 몸을 떤다.

뿌리를 가진 사내아이에게 더 강한 뿌리를 가진 아버지-국가는 불안과 공포의 대상이자 투쟁하고 극복해야 할 존재다. 어머니-국민은 뿌리를 이어갈 욕망과 사랑의 대상이다.

뿌리를 가지지 못한 계집아이에게 어머니-국민은 결핍과 수치의 대상이자 연민과 애증의 존재다. 강한 뿌리를 가진 아버지-국가는 욕망과 사랑의 대상이다.

넝쿨처럼 이어지고 엉킨 욕망의 뿌리에 팔다리가 묶이고 목이 졸린 사내와 계집아이는 아버지-국가와 어머니-국민과의 근친상간을 꿈꾼다. 꿈이 현실이 되고, 현실이 꿈이 되는 혼동 속에서 자라는 뿌리의 이름은 권력이다.

3.
우리는 어떤 국가를 꿈꾸는가?

짐이 국가인 나라-권력이 국가인 나라-욕망이 국가인 나라-자본이 국가인 나라-경쟁이 국가인 나라-소외가 국가인 나라-배제가 국가인 나라-결과가 국가인 나라-전쟁이 국가인 나라를 꿈꾸는가?

내가 국가인 나라-정의가 국가인 나라-절제가 국가인 나라-배분이 국가인 나라-협력이 국가인 나라-포용이 국가인 나라-연대가 국가인 나라-과정이 국가인 나라-평화가 국가인 나라를 꿈꾸는가?

우리가 권력을 죽이지 못하고 매달리고 집착할 때, 국민이 국가를 살리지 못하고 권력에 기대고 욕망할 때, 국가는 짐-짐이 곧 국가가 되어 나와 우리의 자유를 겁탈하고 권력의 칼로 정의의 목을 자르리니

아버지-국가에 기대거나 욕망하지 말자, 호명하지도 말자. 국가는 아무 것도 모른다. 피도, 눈물도, 인정도 없는 국가는 사랑을 모른다. 무도한 국가는 사랑을 모른다. 사랑을 모르는 국가를 사랑하지 말자.

차례

아나키즘이란 무엇인가

1. 아나키즘의 개념과 유형

아나키즘의 개념

아나키즘(anarchism)은, "일체의 정치권력이나 공공적 강제의 필요성을 부정하고 개인의 자유를 최상의 가치로 내세우는 사상"이다. 이 정의에서 보듯이 아나키즘은 국가체제를 비롯한 일체의 정치권력이나 공공적 강제의 필요성을 부정한다. 아나키즘은 어떤 이유로 이토록 권력과 강제를 강하게 부정할까? 그 이유는 바로 '개인의 자유가 최상의 가치'이기 때문이다. 혹자는 이를 '절대자유'라고도 한다. 인류역사에서 아나키즘만큼 개인이 가지는 절대자유를 철저하게 탐구하고, 실천하며, 또 이를 제한하거나 억압하는 체제에 강하게 저항한 사상은 없다고 해도 지나치지 않다.

하지만 아나키즘에 대한 우리의 인식은 어떠한가? 일반적으로 우리는 아나키즘을 존재로서 인간이 가지는 최상의 가치인 절대자유를 추구하는 사상으로 보지 않는다. 오히려 아나키즘을 사회와 국가체제를 부정하고 전복을 꾀하는 불온한 정치사상, 즉 무정부주의로 이해하고 있다. 우리가 아나키즘을 이렇게 이해하는 데는 여러 이유가 있을 것이다. 그 중에서도 가장 중요한 이유는 그 사상의 본질을 제대로 이해하지 못한 데서 오는 오해 때문이 아닐까.

아나키즘의 어원인 아나키(anarchy)는 시원, 근원, 통치 혹은 지배를 뜻하는 그리스어 ἀρχός (arkhos)에서 유래한다. 이 말에 "~이 아니다, 혹은 ~이 없다(not, without)"를 뜻하는 부정접두사 ἀ ν(an)이 결합하여 '아나키'라는 표현이 만들어졌다. 그 어원에서

아나키즘 상징 <Circle-A> 문양

볼 때 아나키란 본래 "통치 혹은 지배가 없음"을 의미한다. 아나키즘은 아나키에 사상이나 주의를 나타내는 이즘(-ism)이 결합한 것이다.

아나키즘은 처음에는 "통치 혹은 지배 없는 상태"를 의미했다. 그 후 "통치자 혹은 지배자가 없는 상태"를 뜻하는 말로 사용되어 그 의미가 확대되었다. 아나키란 말이 현실정치에서 본격적으로 사용되기 시작한 것은 프랑스대혁명 이후 19세기부터다.

'아나키'가 '아나키즘'이라는 표현으로 사용되어 정착한데에는 '아나키즘의 아버지'로 불리는 프랑스의 피에르 조제프 프루동(Pierre-Joseph Proudhon)의 덕분이다. 저서 『연방의 원리에 대하여(Du Principe fédératif)』(1875)에서 프루동은 "아나키의 개념은 다른 것과 마찬가지로 합리적이고 또 긍정적이다."라고 보았다. 그는 아나키에 아주 긍정적인 의미를 부여하는 동시에 한걸음 더 나아가 "개인은 절대군주제의 극단적 반대로서 자기 자신의 독재자라고 할 수 있다."며 사뭇 도발적인 주

장을 하였다. 프루동에게 아나키란 주인이나 주권자가 부재한 통치형태로서 개인인 '나'의 절대자유가 보장되는 체제인 셈이다.

"유토피아가 들어있지 않은 세계지도는 들여다 볼 가치가 없다." 오스카 와일드의 말처럼 아나키즘도 하나의 사상이지만, 다분히 이상향을 꿈꾼다. 만일 아나키즘이 그저 상상 속에서 이상향을 꿈꾸는데 그친다면 현실적으로 아무런 문제도 일어나지 않을 것이다. 하지만 다른 사상과는 달리 아나키즘은 국가를 비롯한 모든 정치체제와 집단이 행사하는 모든 권력을 반대한다. 또한 아나키즘은 그 권력에 대항하여 국가 없는 사회, 국가에 대항하는 사회를 만들기 위해 끊임없이 싸우고 투쟁한다. 개인의 절대자유를 지향하는 아나키즘에게 국가라는 체제와 그가 행사하는 모든 권력은 극복과 타도의 대상이다.

권력은 국가를 구성하고 작동시키는 핵심이자 결정체다. 만일 국가에서 권력을 소거해버리면 어떻게 될까? 국가가 행사하는 주권이 국민으로부터 부여받은 것이라는 논의는 별론으로 하더라도 국가는 국민을 보호하고, 그 체제를 유지하기 위하여 주권에 기반한 강력한 권력을 행사한다. 하지만 아나키즘은 모든 권력을 반대하므로 그것을 행사하는 국가를 인정할 수 없다는 결론에 이른다.

물론 아나키즘은 국가 자체를 반대하지는 않는다. 하지만 국가는 권력의 행사 없이는 작동할 수 없다. 그 권력을 반대하고 부정하는 아나키즘과 국가는 늘 팽팽한 긴장관계를 유지할 수밖에 없다. 통치권자나 정치권력자들의 입장에서 본다면, 국가(≒권력)는 그 모든 것이며, 그 이상이다. 하지만 아나키스트들은 국가 그 자체 혹은 국가가 행사하는 모든 권력을 부정한다. 아나키즘이 가지는 이러한 성질에 대해 숀 쉬한은, "아나키즘은 하나의 정치운동이나 철학 또는 예술적 감각의 측면에서 정의될 수 없다. 아나키즘은 그 모든 것이며, 그 이상이다."고 말한다.

아나키즘을 어떻게 바라보고 정의한다고 해도 그 또한 현실을 파악하는 방식이자 삶의 방식임은 분명하다. 그러나 우리는 아나키즘이 기성의 학문과 현실에서 말하는 (국가권력에 기반을 둔) 정치라는 경계를 넘어선다는 점을 인정해야 한다. 어떤 의미에서든 국가권력과 아나키즘은 태생적으로 서로 대립할 수밖에 없는 운명을 타고 났다.

국가권력은 그 속성상 통치와 지배에 순응하는 개인(국민)을 원한다. 하지만 아나키즘은 근본적으로 국가권력을 부정하고, 그에 불복종한다. "불복종은 인간의 원초적 덕목이다. 진보가 이뤄져 온 것은 바로 불복종을 통해서다. 그렇다. 불복종과 반란을 통해서다." 오스카 와일드의 이 말은 아나키즘의 성질을 정확하게 짚어내고 있다.

아나키즘은 왜 이렇게 국가권력에 대해 예민하게 반응하고, 대립각을 세울까? 그 이유는, 어떤 경우에도 어떤 한 인간이 지상의 다른 어떤 인간, 또는 어떤 인간의 한패에 복종할 의무는 없기 때문이다. 아무리 위대한 사상이나 체제라 할지라도 이 보다 더 단순한 진리는 있을 수 없다. 아나키즘 사상의 선구자인 윌리엄 고드윈(William Godwin)은 말한다. "정치는 최선의 상태에서도 악이 되기에 우리는 그것을 인간 사회의 일반적인 평화가 허락하는 한 최대한 적게 갖는 것을 주요 목적으로 삼아야 한다."

이처럼 아나키즘은 본질적으로 정치(=국가)를 악(惡)으로 본다. 인간은 본래 선(善)한 존재인데, 정치가 인간을 나쁘게 만든다는 것이 그들이 가진 기본 시각이다. 따라서 아나키스트들에게는 정치제도로서 국가는 착한 존재인 인간의 자유를 구속·억압하는 나쁜 존재로서 최소화되거나 폐지되어야 할 대상으로 간주된다.

이렇게 보면, 아나키즘은 그저 국가를 부정하고, 그에 맞서 저항하고 싸우는 사상인 것처럼 보인다. 그러나 아나키즘이 궁극적으로 지향하는 것은 국가의 폐지 혹은 절멸이 아니다. 아나키즘은 정치제도 혹은 체제로서 '국가 그 자체'가 아니라 '그 너머'에 있는 개인의 절대자유를 지향한다. 절대자유를 누리는 개인으로서 인간이 없다면, 국가도 없다는 것이 아나키즘의 존재이유라고 할 수 있다.

아나키즘의 유형

"아나키즘은 아나키즘을 부정한다."

이 말에서 보듯이 아나키즘은 절대적 교의를 부정한다. 이처럼 아나키즘은 인간이 가지는 절대자유 이외의 일체의 교의를 부정한다. 따라서 그 특성상 아나키즘을 하나의 이론이나 유형으로 도식화하여 정리하는 것은 불가능할지도 모른다. 하지만 아나키즘을 어떻게 이해하고, 그 유형을 정리할 것인가의 문제는, 본질적으로 "개인의 자주성과 공동체라는 문제를 어떻게 결합시킬 것인가"의 관점의 차이라고 할 수 있다. 이 관점에서 아나키즘을 몇 가지 유형으로 나누면, 크게 상호주의, 개인주의적 아나키즘, 사회주의적 아나키즘 및 현대적 아나키즘으로 나눌 수 있다.

첫째, 상호주의(Mutualism)는 진정한 자유로운 노동시장이 있다면, 반드시 노동에 따른 정당한 대가가 지급되어야 한다는 사상이다. 이 사상은 프루동의 주저(主著)『소유란 무엇인가』에 잘 나타나 있다. 프루동은 아나키에 의거한 권위는 질서의 적이며, 소유와 경쟁은 전제적이라고 간주하였다. 그에게 소유(권)이란 정의롭지 못한 것이다. 즉, 소유(권)은 어떠한 경우라 할지라도 개인의 자유를 제한할 수 없으며, 소유를 토대로 하는 어떤 통치도, 어떤 공적 경제도, 어떤 행정도 가능하지 않다. 프루동은, "소유는 타도되었다!"고 선언하면서 공유와 소유의 종합이라 할 수 있는 '제3의 사회형태'를 '자유'로 제시하였다. 프루동의 상호주의는 그가 말년에 쓴 저서 『연방의 원리 및 혁명당의 재구성 필요성에 관하여(Du Principe fédératif et de la nécessité de reconstituer le Parti de la Révolution)』을 통하여 연합주의(Fédéralism; Federalism)로 발전하여 러시아의 미하일 바쿠닌에게 깊은 영향을 미쳤다. 상호주의는 바쿠닌과 그 추종자들에 의해 사회주의적 아나키즘으로 변용·발전하였다.

둘째, 개인주의적 아나키즘(Individual anarchism)은 어떠한 결사체로부터도 독립된 개인의 자유에 중점을 두는 사상이다. 즉, 모든 집단·사회·전통·이념 등의 일체의 체제(시스템)에 의한 결정으로부터 벗어난 개인의 의사를 강조한다. 이 의미에서 자유주의적 아나키즘으로 부르기도 한다. 이 사상의 선구자는 헤겔좌파 출신인 막스 슈티르너(Max Stirner)다. 그는 헤겔의 '절대정신'에 입각하여 '유일자=개인'의 절대자유를 주장하였다. 그 외 윌리엄 고드윈, 벤자민 터커(Benjamin R. Tucker), 조지아 워렌(Josiah Warren), 로버트 폴 볼프(Robert Paul Wolff) 등이 개인주의적 아나키즘을 주장한 사상가로 분류된다. 이들은 자신의 주장에 따라 자본주의적 아나키스트(Anarcho–capitalist), 최소요구주의자(Minimalist), 리버테리언(Libertarian) 등으로 불리기도 한다.

셋째, 사회주의적 아나키즘(Socialist anarchism)은 프루동의 연합주의에 의거하여 바쿠닌 등에 의하여 발전한 사상이다. 특히 프루동이 주장한 지배(혹은 통치)와 권위에 더하여 자본에 대항하여 노동자들의 결속과 결합을 강조한다. 이들은 사유재산의 폐지와 생산수단의 공유뿐 아니라 모든 형태의 임금제도를 공격한다. 즉, "그 능력에 따라 각자에게"를 "그 필요에 따라 각자에게"로라는 슬로건으로 내걸고, 각자의 욕망에 따라 누구라도 공동의 창고에서 필요한 것을 가질 수 있도록 하는 코뮌주의 사상을 부활시켰다. 바쿠닌의 집산주의(Collectivism)와 상호부조론(Mutual Aid), 그리고 아나르코 코뮤니즘(공동체적 아나키즘; Anarcho-communism)과 아나르코 생디칼리즘(조합주의적 아나키즘; Anarcho-syndicalism) 등이 이에 포함된다.

넷째, 현대적 아나키즘(Modern anarchism)이다. 위 세 가지 유형의 아나키즘이 전통적 아나키즘이라면, 현대적 아나키즘은 평화·생태·환경·인권·민족·채식주의·페미니즘·반자본주의 등의 형태로 분화되어 다양하게 나타나고 있다. 혹자는 '톨스토이주의'라 불리는 평화주의적 아나키즘과 생태아나키즘을 현대적 아나키즘의 주류적 흐름이라고 보기도 한다. 하지만 그 형성과 발전 과정에서 보듯이 과거보다 훨씬 복잡다단한 구조와 형태를 띠고 있는 현대사회를 하나로 규정짓는 아나키즘의 흐름을 상정하기란 쉽지 않다. 또한 인터넷이 등장한 이후 소위 '네트워크사회'와 결부되어 아나키즘은 새로운 운동 형태로 전개되고 있다.

2. 왜 다시 아나키즘인가?

위에서 그 개념을 정의하고 유형을 살펴봤지만, 아나키즘은 한 마디로 정의하기 어렵다. 어쩌면 아나키즘은 앞으로도 영원히 정의할 수 없을지도 모른다. 그것이 바로 아나키즘 사상의 본질이다. 이 때문일까? 아나키즘은 일반대중에게 여전히 낯설고, 불온하며, 위험한 사상으로 인식되고 있다. 이러한 이유로 아나키즘은 국가권력에 의해 끊임없이 탄압받고, 축출의 대상이 되어왔다.

아나키즘은 이 세상에서 완전히 사라졌는가? 아니다. 오히려 아나키즘은 오늘날까지도 질긴 생명력을 가지고 살아 새로운 모습으로 쉼 없이 진보하고 있다. 이에 대해 방영준은, "아나키즘은 사라진 것처럼 보이다가도 어느 날 부활하여 다시 모습을 드러낸다. 그것은 아나키즘이 그 어느 정치 이념보다 비정치적이기 때문일 것이다."고 평가한다.

과연 아나키즘은 비정치적인가? 어쩌면 아나키즘은 자신이 추구하는 정치적 이념을 현실에 실현하는 수단으로 비정치성을 선택했는지도 모른다. 그 이유는 아나키즘이 지향하는 이념에 있다. 즉, 아나키즘에게 있어 최상의 가치는 존재로서 인간이 가지는 절대자유다. 아나키즘은 그 이외 어떤 가치와 이론, 그리고 체제도 부정한다.

방영준의 말처럼, 아나키스트는 절대적 교의를 부정한다. 진정한 아나키스트는 아나키즘을 부정한다는 말도 있다. 그래서 아나키스트는 모순을 즐긴다. 아나키즘이 가지는 이러한 모순의 균형은 박홍규의 표현을 빌면, 자주·자유·자연으로 나타나고, 독단과 권위를 배격하고, 통치와 지배의 부정을 통하여 개인 간의 연대, 생명, 생태, 평화, 연합, 공동체의 결성으로 이어지기도 한다. 또한 크로포트킨은, "아나키즘 사회는 성장해 오고 있는 욕구에 따라 끊임없이 진보하고 항상 재조정되는 사회이다."라고 피력하였다.

요컨대 아나키즘은 기본적으로 인간의 근원적인 욕망과 이상에 근거한 사상이자 '하나의 삶의 양식'이다. 이를 현대적 의미에서 파악하면, 아나키즘은, 인간의 자연적, 자율적, 문화적 삶을 지향하는 사상이라고 할 수 있다. 결국 아나키즘이란 존재로서의 인간과 그 인간이 살아가는 현실사회의 그 모든 것이며, 그 이상인 셈이다.

"누구의 지배도 받지 말고, 누구도 지배하지 마라." 일본의 소설가 마루야마 겐지는 『나는 길들지 않는다』에서 아나키즘이 가지는 모든 속성을 이 한마디 말로 요약한다. 그는 스스로 "나는 내면의 반란을 부채질 하는 자"라며, "진정한 혁명은 개인으로부터 시작되어야 한다."고 주장한다.

"산 자에게 유일무이한 보물은 누구의 지배도 받지 않고 아무도 지배하지 않는 것이다. 그것이야말로 진정한 자유이고 진정한 자립이며 진정한 젊음이다. 하지만 무수한 욕망과 무수한 정념이 그 길을 가로막아 거기에 도달할 수 있는 자는 아주 소수에 지나지 않는다. 게다가 가시밭길이다. 투쟁의 연속이며 숨 돌릴 틈도 없다. 그래서 재미있는 것이다. 사는 것의 진정하고도 깊은 맛은 자신이 확신을 갖고 설정한 목표에 도달하는 과정에 있다."

마루야마 겐지,
『나는 길들지 않는다』 표지

마루야마 겐지의 말대로 아나키즘이란, 이 땅의 주인으로서, 또 현실의 삶을 사는 주체로서 개인(=나)이 가지는 절대자유다. 이 자유는 어떠한 가치와 이념, 사상은 물론 체제와 권력에 의해서도 길들여지거나 제한 혹은 침해되어서는 아니 된다.

그동안 국내에서도 아나키즘에 관한 적지 않은 저작물이 나왔다. 하지만 본서는 아나키즘이 태동한 19세기 유럽의 현실적·사상적 배경에 주목하고, 주요 아나키스트들의 저작을 중심으로 아나키즘의 사상적 원류를 추적하여 분석하고자 한다.

구한말 이후 우리나라는 굴절된 역사를 통해 국가와 개인의 존재이유에 대해 끊임없이 성찰하고 갈등하는 과정을 되풀이하고 있다. 개인은 누구나 자유와 평등, 그리고 존엄한 존재로서 행복하게 살 권리를 가지고 있다. 그러기 위해서는 국가를 규정하고, 통제하고, 명령하는 '주권자'로서 개인의 의미와 역할에 대해 재인식하고, 개인과 국가의 상호관계가 재설정되어야 한다. 이를 위해 개인의 자유와 권리 확립에 헌신한 사상이자 이념인 19세기 유럽의 아나키즘을 통하여 국가란 개인이 누리는 절대자유를 보장하기 위한 수단이자 종속변수라는 것을 분석하고, 재확인하고자 한다.

19세기 유럽 아나키즘의
사상적·역사적 배경

3. 아나키즘의 사상적 기초

자연법

19세기 유럽에서 태동한 아나키즘의 사상적 기초는 무엇일까? 자연법(natural law)이다.

자연법이란 인간 이성을 통하여 발견한 자연적 정의 또는 자연적 질서를 사회 질서의 근본 원리로 생각하는 법이다. 자연법은 자연의 보편적 이법 혹은 법칙에서 도출되는 인간의 이성(logos)에서 그 근원을 찾고 있다. 그 이성에 바탕을 둔 자연법은 정의(피타고라스)로 나타나거나 혹은 양심과 그 소리에 따라 인식되는 신이 정한 세계질서(소크라테스)를 지향하기도 하였다. 이처럼 고대의 자연법은 자연이법(naturalis ratio) 혹은 신성(神性)과 같이 인간을 지배하는 보편적이고 영구적인 근본규범으로 간주되었다.

자연법에 대한 이러한 사고는 중세에 이르러서도 크게 변하지 않았다. 그러다 스토아학파와 중세 기독교사상 등을 거치면서 자연법은 점차 자연과 인간의 본성을 구별하여 자연의 자연법칙(physis)과 인간의 자연법(nomos)에 대한 연구로 심화·발전하였다. 근대주권론과 사회계약론에서 활발하게 논의된 자연상태(state of nature)와 사회상태(state of society)의 구별은 스토아학파와 중세 기독교사상의 논의에 바탕을 두고 있다.

기독교사상과 결부된 자연법은 신법(神法)으로 여겨져 오히려 교회가 현실의 모든 정치·사법권력을 장악하였다(신권설 神權說). 이 신권설에 대항하여 근대주권국가가 제정한 인간의 법인 실정법이 시행되어 그 권위가 위축될 때까지 자연법은 현실사회를 지배하는 절대권위의 근본규범이었다. 법의 역사는 자연법사상과 함께 시작되었다고 해도 과언이 아니다.

실정법이란 성문법·관습법·판례법 등 경험적·역사적 사실에 의하여 성립되고, 현실적인 제도로서 시행되고 있는 법으로서 자연법에 대비되는 개념이다. 자연법과 실정법은 그 성질에 있어 여러 가지 차이점이 있다. 즉, 자연 혹은 신의 이성 혹은 본성에 의거하여 성립되는 자연법과 달리 실정법은 주권자인 개인과 국가의 의사에 중점을 두고 제정된다. 또한 항구적이고 불변적인 성질을 가지는 자연법에 비하여 실정법은 가변성과 역사적 상대성을 그 특징으로 한다.

중세 봉건사회에서 근대 국민국가로 넘어가는 과도기에 성립된 절대주의는 강력한 왕권을 바탕으로 다양한 실정법을 제정하여 귀족의 신분세습을 강화하고, 정치적 특권을 독점하기 위한 수단으로 사용하였다. 이 시기는 일단 법으로 제정·공포된 이상 그 법의 이념이나 가치는 전혀 고려의 대상이 아니었다. 특히 19세기에 접어들면서 실정법 가운데서도 법실증주의가 확고하게 자리 잡게 되어 자연법은 그 존재의의를 위협받는 지경에까지 이르렀다.

법실증주의란 법학의 연구 대상을 실정법에만 국한하려는

학문 방법이다. 이 개념 정의에서 보듯이 법실증주의는 실정법, 즉 법률로 제정되어 시행되고 있지 않는 이상 그 법규범력을 인정하지 않는다. 절대주의를 거치면서 시민들은 국가권력(왕권)의 남용을 통제함으로써 개인의 권리행사를 보장받고자 하였다. 그 정치 이념적 논거인 국민주권사상을 바탕으로 규범통제를 위한 근거로 법실증주의를 확립하였다. 이로써 법치주의와 죄형법정주의를 통한 개인의 인권을 보장할 수 있게 되었다.

법실증주의가 완벽하게 작동하려면 국가가 주도하여 제정한 실정법이 완결된 법체제 혹은 자기완비적 체제여야 한다. 이것이 의미하는 바는, 실정법은 인간이 예측할 수 있는 모든 범죄를 제정법으로 규율할 수 있어야 하고, 적어도 조문의 해석을 통해 모든 법문제를 해결할 수 있어야 한다는 것이다. 하지만 현실은 어떤가?

법실증주의는 법을 실정법에만 국한함으로써 자연법이 지향하는 보편적 이성이나 법칙 또는 정의와 같은 가치를 배척하는 한계가 있다. 또한 유추해석과 확대해석을 지나치게 경계하다 보니 법실증주의는 법을 그저 법조문에 적힌 문언에만 치중하여 해석할 수밖에 없다. 법실증주의가 개념법학이라고 비판받는 주된 이유이기도 하다.

법실증주의가 가지고 있는 이러한 한계를 비판하여 19세기 말에는 신토마스주의자를 중심으로 새로운 자연법이론인 자연법의 재생 혹은 신자연법론이 주창되었다. 이 이론을 처음 주장한 프랑스의 샤르몽(Joseph Charmont)은, 자연법은 더 이상 항구불변의 가치나 이념이 아니라 실정법과 마찬가지로 자연법도 현실에서 진화하고, 변화한다고 주장하였다. 이로써 자연법은 '과거의 응고된 법'에서 벗어나 현실에서 그 모습을 바꾸어 '다시 나타남(재생)'으로서 비로소 실정법에 내재하게 되었다.

이처럼 자연법의 재생은 19세기 법실증주의에 대항하는 법이론으로 주창되었으나 종국에는 법실증주의가 가진 한계를 보완함으로써 두 법체계가 상호 공존하는 계기가 되었다. 이제 더 이상 자연법과 실정법은 서로 대립하고 갈등하는 관계가 아니다. 자연법은 실정법이 가진 시대의 가변성과 역사적 상대성을, 반대로 실정법은 자연법이 가진 항구불변의 자연이법과 가치를 수용함으로써 상호 성장하고 발전하는 법체계이다.

주권론과 사회계약론

자연법은 고대와 중세, 그리고 근대와 현대로 시대의 변천에 따라 그 개념의 차이가 있다. 즉, 고대에는 자연주의적 세계관에 따라 자연주의적 자연법이, 중세에는 신학적 세계관에 따라 신학적 자연법이, 근대에는 이성적 세계관에 따라 이성적 자연법이, 현대에는 존재론적 세계관에 따라 존재론적 세계관이 주창되었다. 하지만 어떤 개념에 따르든 자연법은 그 본질에서 인간의 이성과 사물(즉, 자연)의 본성에 그 기원을 두고 있다. 전자는 이성적 자연법, 후자는 존재론적 자연법이다.

중세봉건주의가 해체되고 근대국가가 성립하는 과정에서 자연법은 아래의 세 단계를 거치면서 변용·발전한다.

제 1단계는 중세신학과 봉건주의로부터 해방의 과정에서 등장한 14세기~16세기 르네상스와 1517년 10월 31일 마르틴 루터에 의해 시작된 종교개혁의 시기다. 이 시기는 종교에서는 신교, 정치에서는 계몽절대주의(18세기에 전개된 계몽사상을 실제의 정치에 실시하려고 한 절대주의의 정치형태), 그리고 경제에서는 중상주의가 부흥하였다. 대표적 자연법 사상가로는 그로티우스, 홉스, 스피노자, 푸펜도르프, 볼프 등을 들 수 있다. 그들의 사상을 요약하면, 자연법은 주권에 바탕을 둔 강력한 국가(즉, 지배자 혹은 통치자)권력이 전제되어야 보장될 수 있다는 것이다.

제 2단계는 1642년 영국 청교도혁명과 함께 시작되었다. 이 시기는 자유주의와 자본주의에 기반을 둔 정치·경제·철학이 발달하였다. 대표적인 자연법 사상가로는 로크와 몽테스키외를 들 수 있다. 이들은 권력을 분산함으로써 국가(정부)에 의한 부당한 침해를 억제하여 개인들의 고유권한이 보장되어야 한다고 주장하였다.

제 3단계는 인민주권과 민주주의의 강한 신념이 발현된 18세기이다. 이 시기의 대표적 사상가는 프랑스 철학자 장자크 루소를 들 수 있다. 루소는 1762년 발표한 『사회계약론』에서 주장한 일반의지(general will)를 주장하였다. 그에 따르면, 국가의 존재이유는 일반의지의 실현이고, 자연법은 일반의지와 국민 다수의 결정에 맡겨야 한다. 그의 주장은 프랑스의 정치적 및 제도적 발전에 지대한 영향을 미쳤을 뿐 아니라 프랑스대혁명의 사상적·이념적 배경이 되었다.

고대 그리스부터 근대유럽에 이르기까지 자연법은 인간이 생래적으로 가지고 있는 자유와 자연적 정의를 사회질서를 유지하는 근본 원리로 간주하였다. 이 원리는 인간 이성에 내재되어 있는 것으로 어떠한 형태의 관념이나 체제에 의해서도 제한되거나 억제될 수 없다. 이러한 자연법사상은 국가이성의 관념에 근거를 두고 설립한 근대국가의 정치와 법사상과 전면 충돌하고 대립하였다.

절대권력을 가진 정치체제인 국가에 대한 법적·정치적 주체로서 개인의 탄생을 이끈 두 개의 주요한 사상은 주권론과 사회계약론이다. 이 사상은 모두 자연법에 그 기원을 두고 있다. 이후 이 사상은 아나키즘과 결부되면서 개인의 절대자유를 향한 훌륭한 이론적·실천적 도구이자 무기로 원용되었다. 그렇다면 이러한 사상을 바탕으로 왜 유독 '19세기 유럽'에서 아나키즘이 탄생하게 되었는지 그 역사적 배경에 대해 살펴본다.

4. 19세기 유럽 아나키즘 태동의 역사적 배경

아나키즘이 유독 19세기 유럽에서 태동하고, 유럽인들의 관심을 끈 이유는 무엇일까. 이는 19세기 유럽의 근대국가의 성립과 내셔널리즘(국민국가주의 혹은 민족주의)의 문제와 무관하지 않다. 이를 이해하기 위해서는 당시 유럽의 경제와 정치 상황에 대한 설명이 필요하다.

비어(M. Beer)에 의하면, 18세기 후반은 "특수한 측면에서 영국 역사상 혹은 일반적 측면에서 인류 역사상 영원히 기억해야 할 시대"이다. 영국에서 시작된 산업혁명에 기반한 기술 혁명으로 새로운 힘을 얻은 자본주의적 생산방식은 전통적인 기술과 수공업중심의 독점권을 무너뜨리고 지배적인 통제체제를 확립했다. 농업국이던 영국은 세계의 공장이 되었다. 농촌의 전통생활방식은 쇠퇴하고, 신흥공업도시가 우후죽순처럼 생겨났다. 인구는 급증하고, 새로운 생산방식은 막대한 부를 축적하였다.

이러한 사회변동으로 인하여 전통적인 권위는 위협받았으며, 자유주의사상이 새롭게 등장하였다. 이 과정에서 19세기 전반 유럽의 정치상황도 매우 복잡하고 혼란하였다. 1789년 프랑스대혁명의 영향 및 나폴레옹의 연이은 전쟁[1]으로 유럽각

---

[1] 나폴레옹은 1812년 러시아원정에 실패하고, 1814년 3월 영국·러시아·프러시아·오스트리아군에 의해 파리를 점령당하는 등 연이어 패전하였다. 1815년 3월 나폴레옹은 엘바섬 탈

국에는 그 어느 때보다 내셔널리즘에 대한 자각이 높아지고 있었다.

이 와중에도 1814년 9월~1815년 6월에는 프랑스혁명과 나폴레옹전쟁에 대한 사후수습을 위하여 오스트리아 빈에서는 유럽 여러 나라의 국제회의인 '빈회의'가 개최되었다. 이 회의는 당시 오스트리아의 외무장관 메테르니히(Klemens Wenzel Lothar Fürst von Metternich)에 의해 발의되었으며, 유럽의 크고 작은 90개의 왕국과 53개 공국(公國)의 군주, 정치가들이 참가하였다. 하지만 실제로는 대부분의 의사진행은 오스트리아·영국·러시아·프로이센의 4대국과 프랑스로 구성된 5개국 위원회에 의해 운영되었다. 이 회의의 결과 유럽에는 약 30년 동안 '빈 체제'가 출현하였다.

빈체제는 나폴레옹의 전후 처리를 위한 빈회의 이후 오히려 절대왕정을 유지하고 자유주의적 민족주의적 혁명에 반대하기 위한 열강들의 복고적 성격의 협력체제로 자리 잡았다. 실제로 1815년의 빈회의 이후 당시 수상이던 메테르니히는 오스트리아에서 국민주의적·자유주의적 운동을 탄압하는 체제를 구축하고, 혁명세력들을 심각하게 탄압하였다.

그러던 중 1848년 2월 22일부터 프랑스 파리에서는 '2월혁명'이 시작되었고, 이를 발화점으로 독일어권 및 헝가리, 체코,

---

출에 성공하여 다시 황제에 즉위하였으나 그해 6월 워털루전투에 패배하였다.

이탈리아로 확산되는 민족적인 성격을 지닌 광범위한 반봉건적 혁명이 일어났다. 이 혁명은 2월 27일 바덴 대공국 만하임에서의 대중집회를 필두로 남서독일에서 시작되어 각 연방국가 정부에 대한 반대투쟁으로 전개되었다. 이윽고 3월에는 독일연방의 주요 대국인 오스트리아 제국, 프로이센 왕국은 물론 이탈리아 등을 비롯한 폴란드, 헝가리, 루마니아로 확대되어 각국에서 민주화 요구가 일시적으로 실현되었다. 이를 '3월혁명'이라 한다. 이 혁명의 여파로 메테르니히는 실각한다.

이와 같은 일련의 혁명은 민족운동을 포함하고 있었으며, 메테르니히의 몰락은 곧 국제적 반동체제의 종말을 의미하였다. 또한 혁명을 통하여 자본주의를 비판하는 노동자 계급 및 사회주의세력이 성장하였다. 사회주의자들은 자본주의가 가지는 반동적인 성격을 강조하였다. 이러한 상황 속에서 유럽 각국 정부는 새로운 지배체제로 이행하지 않을 수 없었다.

당시의 정치 상황에서 분명한 것은 내셔널리즘(국민국가주의)이 변질되었다는 사실이다. 원래 내셔널리즘은 프랑스혁명의 결과 파생한 서유럽적인 사상으로, 왕이나 절대군주에 대한 충성을 주권국가로 전환하고자 하는 다분히 좌익적인 사상이었다. 따라서 처음에는 절대군주(왕정)에 의한 봉건적 지배를 타파하고, 근대시민사회를 성립시키기 위하여 무엇보다 개인 및 계급의 해방을 우선적 가치로 삼고 있었다.

이처럼 19세기 유럽에서 시작된 내셔널리즘은 혁명운동의 정신적 기반으로 작용하고 있었다. 그런데 19세기 말이 되자 내셔널리즘은 우익적인 색채를 띠게 되어 근대적인 정치형태(국가, 공화제, 즉 대표제)와 전통, 역사, 토지, 영토, 혈통 등의 민족적 공동체와의 관련을 강조하는 것은 물론, 자본주의적 지배를 강화함으로써 제국주의화함으로써 반동적 성격을 띠고 있었다. 이를테면, 외국의 지배 아래 있는 조국해방을 위하여 혁명적 요인의 하나로서 간주되고 있던 내셔널리즘은 독일 및 이탈리아의 통일운동을 강력하게 추진하는 원동력이 되었다. 반면 혁명화한 민중을 억압하기 위하여 반동적인 경향도 나타나 내셔널리즘은 국가의 통제의 의한 강력한 경제적·군사적 체제를 정비해야 한다는 이념적 근거로 원용되었다.

이러한 혼란과 혼동 속에서 1789년에 일어난 프랑스대혁명은 당시 영국을 비롯한 유럽의 사상가들에게 지대한 영향을 미쳤다. 그러나 비록 혁명이 성공했다고 할지라도 파리코뮌이 일어난 1871년까지 프랑스 국내 상황에 따라 유럽 각국의 정치와 사상계도 요동을 쳤다.

18세기 후반에서 19세기 초반까지의 유럽 사회의 특징을 요약하면, 정치사상면에서는 자연법에서 공리주의로 전환되었고, 경제면에서는 자본주의에 대한 비판이 점증하였으며, 아나키즘과 공산주의 유물론에 입각한 재산권에 대한 논의가 활발하게 전개되었다. 플레셔(D. Fleisher)의 표현에 따르면, "오래된 모든 것은 사라져야 할 것으로 간주되고, 인류의 새로운 출발을 꿈꾼 시대"였다.

이러한 시대상황 속에서 유럽의 아나키스트들은 당시의 내셔널리즘이 내포하고 있는 반동적 성격에 주목하였다. 특히 프루동으로 대표되는 프랑스의 아나키스트들은 이탈리아 문제, 즉 이탈리아의 혁명가들이 조국의 통일과 중앙집권국가의 확립을 목표로 하고 있으며, 프랑스의 대다수 좌익이 이를 지지하고 있다는 사실에 주목하였다. 하지만 프루동은 이러한 현상이 전제주의로 이행하는 길이고, 왕권과 결부되어 있는 부르주아의 음모에 의해 조종되는 것이라고 보았다. 이를 극복하기 위하여 프루동을 비롯한 아나키스트들은 내셔널리즘에는 인터내셔널리즘을, 또 중앙집권주의에는 연방주의를 대치시켜야 한다고 주장하였다.

5. 인간과 국가의 상호관계에 대한 아나키즘의 시각

아나키즘은 어떤 이유로 국가체제를 갈음하는, 또는 그 체제를 넘어선 대안으로 연방주의를 제안했을까? 그 본질적 이유는 국가란 기본적으로 내셔널리즘에 바탕을 두고 있어 인간의 자유를 구속하고 억압하는 체제이기 때문이다. 인간이 절대자유를 추구하는 19세기 유럽의 아나키즘은 이러한 성질을 가지는 국가체제의 대안으로 연방주의를 제안하였다.

하지만 여전히 다음과 같은 본질적 질문이 남는다. "사회적 동물인 인간이 사회, 특히 국가체제를 떠나 살 수 있는가?" 이는 인간과 국가의 상호관계에 관한 질문이기도 하다. 이 질문에 대답하기 위해서는 국가와 그 국가가 가지는 권력과 권위에 대한 아나키즘의 시각을 살펴보아야 한다.

국가는 중앙집권적 성격에 의해 본질적으로 강압적인 질서의 옹호자이고, 민중의 사상이나 생활에 적극적으로 관여하지 않을 수 없는 존재이다. 크로포트킨(Peter Kropotkin)은 <국가-역사에서 국가의 역할>에서 국가에 대해 이렇게 평가한다.

"국가는 자유와 평등에 근거한 사회 발전을 방해하는 가장 심각한 장애물이다. 그 이유는 이러한 발전을 방해하기 위해 만들어진 역사적 형식들 중에서 대표적인 것이

바로 국가이기 때문이다. 따라서 이런 입장을 갖는 사람
들은 국가의 개조 대신 국가의 완전한 폐지를 추구한다."

크로포트킨은 국가를 어떤 의미로 사용해야 하는가에 대해
합의해야 된다고 하면서, 국가와 사회는 완전히 다른 두 개념
이므로 양자를 혼동해서는 안 된다고 강조한다. 사람들이 이
두 가지를 혼동하는 이유는 무엇일까. 크로포트킨에 의하면,
국가가 나타나기 전에 이미 인간은 수천 년 동안 사회를 이루
며 살아왔기 때문이다. 사실 현대 유럽 민족들 사이에는 국가
는 가장 최근에 생긴 16세기 이후에 발전된 현상이다. 인류의
삶에서 가장 빛나는 시대는 사람들이 공동체와 자유 도시에
살았던 때이다. 그때는 지방적 자유와 삶이 아직 국가에 의해
억압당하지 않았다는 사실을 사람들이 잊고 있다.

그러면서 그는 이렇게 반문한다. "국가는 사회가 역사의 흐
름 속에서 채택한 여러 형식들 중 하나일 뿐이다. 사회와 국가
에 대한 개념들은 어떤 식으로 혼동될 수 있는가?"

크로포트킨에 의하면, 국가는 사회의 한 형식일 뿐이고, 사
회의 발전과 진보를 위해 필요에 따라 인간이 선택하고 설립
한 것에 지나지 않는다. 따라서 인간은 그들의 삶을 간섭하고
억압하는 사회 형식으로서의 국가를 바라지 않고, 그들의 자
유로운 삶을 영위하기 위한 사회(즉, 자유사회)를 원하는 것이다.

자유사회에서 절대자유를 누리며 살고 싶은 개인은 국가는

물론 그 국가가 행사하는 어떤 권력과 권위도 부정할 수밖에 없다. 권력과 권위는 다 같이 다른 사람을 지배 내지 복종시킬 수 있는 힘이다. 이 힘은 근대 국민국가가 출범하면서 주권과 결부되면서 복잡한 양상을 띠면서 행사되었다.

근대민주주의국가에 있어 '우리(=시민)'는 '주체'이자 '입법자'이다. "짐이 곧 국가"이듯 "우리가 곧 국가"인 것이다. 그런데 '우리'의 개념은 모호하고, 그 유형도 다양하게 나타났다. 즉, '우리'는 지배자는 물론 피지배자도 포함하며, 피지배자들은 다시 소수와 다수, 국민과 외국인, 부자와 빈자 등으로 나뉜다. 이러한 새로운 형태의 불평등을 근대민주국가로서는 설명할 수도, 또 해결할 수도 없다.

근대 '주권'국가에서 권력의 원천은 '우리'에게서 나온다. '우리'는 곧 '시민', '국민' 혹은 (개별주체로서) '개인'이다. 그런데 그들의 지위를 권력의 등급에 따라 서열화함으로써 '우리'는 주권론의 이론적 원천에서 멀어지게 된다. 이 문제를 해결하는 방법으로, 가령 '우리'의 정치적 의사를 대표자를 통해 표명하고, 국민주권을 위임할 때마다 필연적으로 소외가 발생한다. 이 문제는 아나키즘이 대의제와 보통선거를 비판하는 근거이다. 이처럼 근대국민국가의 출범으로 절대자유주의 정신이 맞서 싸워야 할 적은 점차 비인격화되었고, 현대에 이르면 그 유례를 찾을 수 없을 정도로 매우 추상적인 형태를 띠게 된다.

국가권력과 주권자로서 개인 사이에 야기되는 이 문제를 어뗳게 해결할 수 있을까? 이에 대해 미국의 정치학자 로버트 폴 볼프(Robert Paul Wolff)는 "국가란 일정한 영토 안에서 또는 일정한 주민에 대해 최고의 권위를 행사하는 사람들의 집단"으로 정의한다. 다시 말하여, "국가란 일정한 영토 안에서 주권을 갖는다고 인정된 사람들의 집단, 즉 피주권자들에 의해 그 주권이 인정된 사람들의 집단"이다. 국가를 개념 정의함에 있어 그는, 권력이 아니라(혹은 권력보다는) 권위를 중시한다. 그에게 있어 권위란 "명령하는 권리이며, 상대방에게는 복종을 요구하는 권리"이다. 이것은 힘을 행사하거나 위협함으로써 복종을 강요하는 권력과 구별되어야 한다.

그런데 인간은 자신의 행위에 대해 책임을 지는 존재이고, 기본적으로 자율적이다. 볼프는, "도덕적 자율은 자유와 책임이 결합된 것"이라는 칸트의 말을 빌려 다음과 같이 말한다. "도덕적 자율은 자신이 스스로 제정한 법에 복종하는 것이다. 자율적인 사람은 다른 사람의 의지에 좌우되지 않는다." 따라서 자율적인 사람이 자신의 행위에 책임을 진다는 것은 자신이 무엇을 해야만 하는가에 대해 최종적인 판단을 내리는 것이다. 이 의미에서 보면, 자율적인 사람에게는 사실상 명령이란 있을 수 없다는 결론에 이르게 된다. 즉, 볼프의 견해에 따르면, 개인이 자율적인 주체인 이상, 개인과 국가는 공존할 수 없고, 양자 사이에서 충돌이 일어나는 것은 피할 수 없다.

볼프가 내린 결론처럼 아나키즘이 추구하는 적법하고 정당한 국가의 개념이란 공허한 것으로 인식될 수도 있다. 하지만 아나키즘은 국가를 전복하고, 해체하는 것이 아니라 "예전부터 존재하고 있던 것, 국가와 공존하는 것, 파묻히고 버려져 있는 것을 현실화하고 재구성하는 것"이라는 구스타프 란다우어(Gustav Landauer)의 말을 경청할 필요가 있다. 따라서 국가(혹은 국가주의)의 한계와 폐해를 시정하고 극복하는 하나의 대안으로써 아나키즘은 충분한 학문적·실천적 효용성을 가지고 있다고 할 것이다.

개인주의적 아나키즘

6. 멜리에: 모든 신과 종교는 거짓이다

장 멜리에(Jean Meslier 혹은 Jean Mellier 1664~1729년)는 프랑스의 가톨릭 신부이다. 그가 죽은 후 그가 살던 집에서 무신론을 찬양하는 방대한 원고가 발견되었다.

멜리에는 1664년 6월 15일 프랑스 아르덴지방의 마제르니에서 태어났다. 25세 되는 해인 1689년 1월 7일 그는 샹파뉴의 에트레핀니 교구의 가톨릭 신부가 되었으며, 이후 그곳에서 40년(1689년~1729년) 동안 봉직하였다. 그가 생존한 동안의 삶에서는 눈에 두드러질 만한 일은 찾을 수 없다. 오히려 그의 사후 가톨릭계를 뒤흔든 '사건'이 일어났다.

생전의 그는 방대한 분량의 원고를 집필했다. 그가 죽은 후 살던 집에서 이 원고가 발견되었다. 『장 멜리에 성경』으로 불린 그 원고는 철저하게 무신론으로 일관되어 있었으며, 그 당시의 사회에 팽배한 불의에 대해 신랄하게 비판하는 내용을 담고 있었다.

가톨릭 사제인 멜리에가 신변의 위험을 무릅쓰고 자신의 성경을 쓴 이유는 무엇일까?

"Omnem viam iniquam odio habui."

"나는 불의한 모든 것을 증오한다."는 뜻의 라틴어로 짤막하게 밝힌 이 말에 그 이유가 담겨 있다. 하지만 어느 누구도 이 원고가 작성된 정확한 시기는 알지 못한다. 그가 죽기 전 10년 전쯤인 1719년부터 1729년 사이 작성되었다고 추측할 뿐이다.

장 멜리에 신부가 쓴 원고가 세상에 처음으로 알려진 것은 1735년 11월 니콜라-클로드 티리오(Nicolas-Claude Thieriot)가 그의 친구 볼테르(Voltaire)(볼테르는 필명. 본명은 프랑소와 마리 아루에(François Marie Arouet; 1694.11.21.~1778.5.30)에게 보낸 편지를 통해서다. 이 편지에서 티리오는 멜리에가 남긴 방대한 분량의 원고가 있다는 사실을 볼테르에게 알렸다. 그리하여 이 원고의 사본 중 하나가 볼테르에게 전해졌고, 그는 다시 그 사본 수백부를 친구들에게 나눠주어 읽게 하였다.

그로부터 27년 후인 1762년 볼테르는 이 성경을 요약·발췌하여『장 멜리에 성경(Testament de J. Meslier)』이란 제목으로 발간하였다(『Voltaire's _Extrait_』).

『장 멜리에 성경』은 볼테르에게 조차 감당하기 벅찬 내용을 담고 있었다. 볼테르는 자신이 가톨릭신자라는 한계를 넘지 못하고 결국 그 원고를 전문이 아니라 요약·발췌하여 출간하였다. 볼테르는 발췌본의 마지막 문

장 멜리에

단에서 자신의 복잡한 심경을 이렇게 적고 있다.

"이 원고는 장 멜리에의 2절판 성경을 정확하게 요약한 것이다. 우리는 하느님의 용서를 구하며 죽어가는 신부의 증언이 얼마나 큰 무게감을 갖고 있는지 판단할 수 있다."

하지만 볼테르의 다소 '비겁하고 교활한 수사'와는 달리 멜리에 신부 본인은 자신의 원고에서 결연하고 비장한 심경을 밝히고 있다.

"나는 이 원고가 나의 마지막이자 가장 강렬한 소원이기를 바란다. 또한 마지막 신부의 창자에 묶여 교수형에 처해진 마지막 왕이기를 바란다."

멜리에는 성경을 여덟 개 장으로 나누고, 각 장에서 구체적 증거를 들어 조목조목 자신의 주장을 펴고 있다.

1. 종교는 단지 인간의 발명품이다.
2. 믿음과 맹신은 오류와 환상 그리고 속임수의 원칙이다.
3. 하느님의 비전과 계시를 주장하는 것은 거짓이다.
4. 구약의 예언을 주장하는 것은 허영이자 거짓이다.
5. 기독교의 교리와 도덕은 오류다.
6. 기독교는 독재자의 학대와 폭정을 허용한다.
7. 신들이 존재한다는 주장은 거짓이다.
8. 영혼의 영성과 불멸이란 생각은 거짓이다.

멜리에는 위 자신의 주장을 입증하기 위해 여덟 가지 '증거'를 제시한다.

첫 번째 증거로 그는 인간들 사이에서 일어나는 불화를 든다. 인간들은 서로 끊임없이 싸우고 갈등하고, 심지어 비난하기를 그치지 않는다. 만일 신(God), 즉 '동일한 믿음의 원리'가 존재한다는 게 명확하다면, 어찌하여 인간들이 서로 불화하겠는가. 그 이유는 종교란 인간이 만든 발명품이며, 신은 존재하지 않기 때문이다. 오히려 인간이 신의 이름과 권위를 이용하여 그들이 원하는 법률과 명령을 제정하여 사람들을 억압하고, 공포를 조성하기 때문에 불화가 끊이지 않는 것이다. 만일 종교가 다른 종교나 믿음과 화해하고 토론한다면, 불과 피를 이용하여 박해할 필요가 있겠는가. 이 모든 것이 신은 인간이 만든 것이고, 신은 존재하지 않는다는 증거다.

두 번째 증거는, 모든 종교가 이성과 양심에 반하는 '눈먼 자의 신념', 즉 '맹목적인 믿음(맹신)'을 기반으로 한다는 것이다. 맹신은 종교가 서로 공유하고 베끼는 기적에 대한 믿음에 의해 강화된다. 예수가 행한 몇 가지 기적마저 극대화하여 마치 기독교가 광신에서 시작되었다는 잘못된 믿음을 갖게 만들었다. 그리하여 기적이란 무한히 완전한 존재의 위엄, 은혜, 지혜 및 정의라는 생각에 동의하지 않고, 기적 그 자체를 믿어버리는 오류에 빠지고 말았다.

세 번째 증거는, 선지자의 비전과 신의 계시는 모두 광인(狂

人)의 작품이라는 것이다. 예를 들어, 신을 기쁘게 하기 위하여 죄 없는 짐승을 잔인하고 야만적으로 희생시키면서 이를 어떻게 신의 영광으로 돌릴 수 있는가. 짐승들의 피를 뽑고, 가죽을 벗기며, 그들의 고기를 굽거나 물에 넣어 끓이면서 어떻게 신이 장엄하고, 온유하며, 지혜롭다고 상상할 수 있는가. 신은 그들의 목을 자르고, 가죽을 벗겨 희생시킴으로써 성전을 추악한 정육점과 도살장으로 만들었다.

네 번째 증거는, 성경의 예언은 결코 이뤄지지 않는다는 것이다. 예수는 두 가지의 거짓되고 미친 예언을 하고 있다. 하나는, 하느님이 모든 사람의 죄를 사하였다는 것이다. 하지만 우리는 아직 '죄의 사함을 받은' 어떤 사람도 보지 못하였다. 현재도 그들은 여전히 모든 종류의 악에 종속되어 있고, 노예로 살고 있다. 다른 하나는, 예수가 하늘의 왕국이 가까워졌다고 설교한 것이다. 하지만 예수가 설교를 한 때로부터 거의 이천 년이 지났는데, 아직도 그 왕국은 오지 않았다. 언제까지 가까워지고 있다고만 할 것인가.

다섯 번째로 다음 세 가지 이유를 기독교의 도덕성의 질적 수준이 떨어지고 있다는 증거로 들고 있다.

① 가장 큰 미덕은 아픔과 고통을 참는 데 있다. 이는 마치 가장 큰 미덕은 비참과 불행을 사랑하는 것에 있다고 말하는 것과 같은데, 전혀 자연스럽지 않다.

② 육체를 욕망하고 애정을 가지는 생각을 마치 지옥에서

영원한 형벌을 받는다고 비난하면서도 인간 종족을 보존하고 증식시키는 것에 대해서는 자연적이고, 순수하며, 또 필요하다고 보고 있다.

③ 우리의 원수를 사랑하듯이 너에게 해를 끼치는 이를 선하게 대하고, 사악한 이에게도 저항하지 말라고 가르치는 것이다. 원수들이 우리를 부상 입히고 학대하더라도 조용히 인내하라고 요구한다. 이는 마치 정글의 법칙을 수용하고, '현상 그대로(statu quo)'를 인정하라는 말과 같다.

여섯 번째 증거로, 기독교가 정치적 독재의 공범 역할을 하고 있다는 것을 들고 있다. 멜리에는 가톨릭사제들이 일반대중들에게 신에게 저항하고, 반항해야 한다고 가르칠 것을 요구한다. 그의 이 주장은 약 200년 후의 마르크스가 "종교는 인민의 아편"이라고 말하는 것을 연상케 한다. 실제로 멜리에는 재화와 부를 사적으로 소유하는 것에 대해서도 강하게 비판하면서 사회적 공산주의를 지지했다. 그는 대중들에게 "연대하라"며 행동을 호소했다.

일곱 번째 증거로, 멜리에는 신은 존재하지 않는다고 주장하고 있다. 자연에서 발견되는 아름다움, 질서 및 완전성은 자연적으로 창조된다. 물질과 운동은 시공간에서 무한하기 때문에 물리적인 질서는 창조자를 필요로 하지 않는다. 더욱이 악, 불행, 악행과 사악은 무한한 선과 지혜를 가진 절대자란 없다는 것을 증거한다. 절대자는 그런 것들을 사전에 예방하거나 제거할 수 없다. 멜리에는 기독교의 도덕성이 신이 존재한다는 전제조건이 될 수 없다고 하면서 신을 사자의 머리에 염소 몸통에 뱀 꼬리를 단 그리스 신화 속 괴물인 '키메라'(chimera)로 부르고 있다.

여덟 번째로, 영혼은 영성이며, 불멸이라는 종교의 주장은 거짓이라는 것에 대한 증거로 동물과 인간 모두 부패하기 쉬운 단순한 물질이라고 주장한다. 멜리에는 동물은 생명이 없는 기계라는 개념을 비판하면서 그들에 대해 친절하고 다정한 모든 감정을 억누르고 있는 인간의 태도에 분노한다.

모두 여덟 개로 이뤄진 각 장의 주제는 모두 종교가 가지는 허영과 거짓을 입증하려는 명백한 의도를 가지고 있으며, 상당히 도발적인 내용을 담고 있다. 이 모든 주제를 아우르는 가장 핵심적인 내용은, "신의 존재를 비난하고 있다"는 것이다. 첫 번째 주제에서 멜리에는, "종교는 단지 인간의 발명품"이라고 주장하면서 아예 "신은 없다(There is no God)."고 단적으로 선언한다.

'신의 존재'에 대해 그는, "어떻게 하느님 '한 명(un Dieu)'이 모든 사람을 사랑하면서 그렇게 '비밀스럽게' 있을 수 있는가? 만일 하느님이 있다면 왜 그는 분명하고 반박할 수 없는 증거를 우리 앞에 제시하지 않는가?"라고 항변하면서, 아래와 같이 주장한다.

"만일 그(하느님)가 사람들을 진정으로 사랑하기를 원하는 신성하고 완벽한 존재라면, 그는 이성과 정의의 화현(化現)이어야 하고, 또 궁극적으로 완벽하고, 명백하며, 혹은 적어도 사람들을 사랑하고, 경배하고, 봉사하는 모든 것을 충분하게 알고 있어야 한다. 그것은 그(하느님)의 의무이다."

멜리에는 "신이 만물을 창조했다"는 기독교의 교리를 근본적으로 부정하고, 기독교라는 종교마저 신이 아니라 '인간의 발명품'으로 간주한다. 창조주이자 절대자로서 신은 인간에 의한 숭배와 경배의 대상이 아니라 그 신이 오히려 인간을 사랑하고, 경배하고, 또 그들에게 봉사해야 한다고 주장한다.

멜리에는 그의 주장을 펴면서 인간이 고통 받고 헐벗고 굶주리며, 온갖 문제로 신음하고 있는데, "어찌하여 신, 당신은 조용하게(비밀스럽게) 있느냐?"고 반문한다. 또한 신이 인간만물을 창조하고, 사랑한다고 하면서 인간에 대해 도대체 신이 '분명하고, 직접적으로' 아는 게 무엇이냐고 묻고 있다. 결국 멜리에는 신에게 "나는 존재한다(내가 있다)"고만 하지 말고, '당신(신)의 뜻(혹은 의지)'을 드러내고 입증하라고 요구한다.

또한 멜리에는 종교의 정치화와 세속화에 대해서도 강한 반감을 드러내고 있다. "기독교는 독재자의 학대와 폭정을 허용한다"고 비판하면서 정치와 결탁된 세속화된 종교에 야유를 보낸다.

"종교와 정치는 한 편의 소매치기들처럼 서로를 누구보
다도 잘 이해한다. … 정부가 아무리 치사할지라도 종교는
정부를 지지한다. 종교가 아무리 어리석고 하찮을지라도
정부는 종교를 지지한다."

멜리에게 종교란 '인간의 발명품'에 불과하며, 영혼의 영
성과 신성이란 것도 일반대중을 억압하기 위하여 엘리트계급
이 통치의 수단으로 만들어낸 허영과 거짓에 불과하다. 심지
어 믿음도 부조리와 모순에 바탕을 둔 '눈먼 자들의 신념'에
지나지 않는다. 또한 영혼은 불멸하지 않고, 다만 죽음과 함께
사라지는 물질의 한 형태라고 주장한다. 심지어 즐거움을 죄
악으로, 가난을 미덕으로 가르치는 구약과 신약의 가르침과
정의를 외면하는 성직자들을 어떻게 믿고 따를 수 있는가라고
비판한다.

드워킨(Richard Dawkins)과 그 지지자들인 히친스(Christopher
Hitchens)와 해리스(Sam Harris) 등이 현대의 무신론자라면, 멜리
에는 전근대의 무신론자인 셈이다. 전자의 무신론자들마저 멜
리에를 '공격적 무신론자'라고 불렀다.

흥미로운 사실은, 멜리에는 가톨릭 혹은 기독교라는 특정
종교가 아니라 세상의 모든 종교가 거짓이라고 주장하고 있다
는 점이다. 또한 지옥과 천국의 존재에 대해서도 강한 어조로
부정한다. "죽음 이후에 존재한다는 세계-천국-는 인간의 상상

이 만들어낸 것이다. 또한 사람이 죄를 지으면 지옥에서 영원히 고통을 받는다는 것도 종교가 인간의 심리에 내재되어 있는 공포심을 이용한 것으로 거짓이다." 그는 단호하게 말한다. 천국과 지옥은 존재하지 않는다고.

그의 주장을 경청해보면, 300년이란 세월이 무색함을 느낀다. 평생 고독한 은둔자이자 신부로 살면서도 개인을 억압하는 종교와 정치권력에 대한 그의 신랄한 비판의식을 엿볼 수 있다. 인간과 인간사회를 비난하면서도 그는 그들에 대해 지극한 연민과 사랑을 가지고 있다.

반면 왕과 귀족, 고위 성직자 등 특권 계급이 저지르는 부정과 불의에 대해서는 신랄하게 비판하고 극도로 증오한다. 심지어 그와 같은 지배계급에 대해 피지배계급은 저항하고, 정치적 혁명을 할 것을 주문하고 있다. 시대를 거슬러 개인의 절대자유를 추구하는 그의 강한 의지를 알 수 있다. 그 진지함과 숙연함에 절로 고개가 숙여진다. 멜리에 신부의 성경은 철저한 무신론에 바탕을 두고 있으며, 프랑스혁명에도 상당한 영향을 미쳤다.

7. 고드윈: 정부는 인류의 악을 종용하는 야만적 제도다

'최초의 아나키스트' 혹은 '철학적 아나키즘의 아버지'로 불리는 윌리엄 고드윈(William Godwin)은 1756년 3월 3일 노스케임브리지셔의 중심지 위즈비치에서 존 고드윈(John Godwin)과 안나 헐(Anna Hull) 사이에서 태어났다.

윌리엄 고드윈

1793년 고드윈은 『정치적 정의』를 출간하면서 어느 날 갑자기 혜성처럼 영국 사회의 정치사상가로 떠올랐다. 윌리엄 헤즐릿(William Hazlitt, 1778~1830)은, "그는 명예의 창공에 떠 있는 태양처럼 환히 빛났다. 그보다 더 많이 사람들의 입에 오르내리고, 더 많은 존경을 받고, 더 많이 탐구된 인물은 아무도 없었다. 자유와 진리와 정의가 대화의 주제로 떠오르는 곳마다 그의 이름이 거론되었다. ... 우리 시대의 그 어떤 저작도 『정치적 정의』보다 국내 사상계에 더 큰 영향력을 미친 작품은 없었다."고 논평했다.

18세기 후반 당시 도덕적 가치에 대한 프랑스학파의 태도는 "선은 쾌락이고, 그 본질은 효용"이라는 상대주의 및 주관주의적 경향을 띠고 있다. 고드윈도 쾌락이 가지는 절대적 가치를 인정한다. 그러나 고드윈은 선은 쾌락이라는 그 절대적 가치와 쾌락의 본질은 효용이라는 공리주의에서 벗어나 인간의 자유의지와 이성을 강조한다.

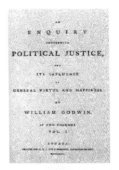

윌리엄 고드윈,
『정치적 정의』 표지

고드윈은 "지성이 도덕원리를 인식함에 있어 의지의 자유가 필수적이라는 주장은 온당치 못하다."고 비판한다. '의지의 자유'는 '자유의지'와 구별된다. 전자는 "아무런 동기 없이 오직 자유만을 기준으로 행동함으로서 변덕스럽고 무절제한 행동을 일삼는 도덕적이지 않은 이성"이다. 반면, 후자는 "인간론의 가장 중요한 부분을 구성하는 핵심 요소로서 도덕적 활력의 토대로 도덕적 열정을 자극하고, 크건 작건 세상이라는 무대에서 이루어지는 모든 의도적인 노력을 주관할 뿐 아니라 나와 다른 사람이 인간의 행복을 증진시키거나 방해하는 행동을 할 때 그것을 열렬히 인정하거나 거부하는 동기를 부여하는 것"이다. 요컨대 전자가 '오직 자유만을 기준으로 행동하는 이성'이라면, 후자는 '도덕(적) 이성'이다.

고드윈은 사회를 인간의 가장 바람직한 존재양식으로 본다. 그 사회의 한 형태로서 국가(혹은 정부)가 해야 하는 역할의 본질은 가장 바람직한 인간의 상태, 즉 개인의 자유를 침해하는 요인을 최소화하면서 사회적인 안전을 확보하는 것이다. 그 바람직한 사회는 정의를 지향해야 하고, 정의는 쾌락(또는 행복)

의 총화를 생산해 내는 원리다. 그러므로 사회의 상황을 개선하려면 이성의 발전을 최우선 목표로 삼아야 한다. 이것이 고드원의 개인의 자유의지와 이성에 바탕을 둔 도덕철학의 기본 내용이다.

따라서 고드원에게 있어 정치학은 본질적으로 도덕학의 일부이다. 이러한 시각은 고드원의 독자적인 사상이 아니다. 만유인력을 발견한 뉴턴의 성공에 힘입어 그 당시의 사상가들은 정치와 도덕을 과학적 원리에 입각하여 설명하고, 그 의미를 부여하고자 노력하였다. 고드원이 정치와 도덕을 판단하는 과학적 기준으로 삼은 것이 바로 '이성'이다. "인간은 이성적인 존재다. 그 점에서 인간은 자연의 다른 피조물과 본질적으로 다르다." 이 말은 '이성적 존재', 즉 '이성인'으로서 인간에 대한 고드원의 무한한 신뢰를 적절하게 표현하고 있다.

이어서 고드원은 이성인으로서 인간의 완전가능성(완전성)에 대한 담론으로 나아간다. 이에 대해 그는, "인간은 완전해질 수 있다. 다시 말해 인간은 영속적인 진보를 꾀할 수 있다."며 인간의 발전가능성에 대한 강한 믿음을 피력한다.

이성에 대한 그의 신뢰는 곧 인간의 완전가능성에 대한 신념을 뜻한다. 고드원은 말하기를, 인간의 완전가능성이란 인간 스스로 이성을 통해 진리를 인식할 수 있고, 그에 따라 모든 오류와 악덕을 극복하고 현재 자신의 상태를 부단히 개선시킴으로써 완전한 상태에 접근할 수 있는 믿음을 의미한다. 따라서 이성은 고드윈의 완전가능성이론의 토대다. 고드윈은 이를 통해 이상사회의 도래를 낙관함으로써 역사적 진보와 창조의 바탕이 된다고 본다.

고드윈이 추구하는 이상사회는 이성인의 집합이자 자유사회다. 그 사회는 어떠한 외적 강제나 통제도 없고, 그러면서도 질서와 조화를 유지하면서 모든 사람의 행복과 번영이 보장된 사회다. 이러한 사회가 가능할 수 있는 것은 인간은 어떠한 강압적인 제약 없이도 스스로를 다스릴 수 있을 만큼 이성적이기 때문이다.

따라서 인간의 자유와 이성을 제한하는 사회는 비이성적 사회고, 그 전형의 하나는 학대와 지배를 영속화하는 경향이 있는 정부다. 정부를 포함한 모든 사회 주체는 늘 이성의 원리에 부합하는 행동을 해야 하며, 서로의 행위를 솔직하게 판단할 수 있어야 한다. 하지만 만일 서로 의존하는 관계에 있는 정부와 인간이 억압과 구속의 의미를 갖는다면, 이는 개인의 자유와 정면으로 배치된다.

"정부는 어떤 관점에서 바라보더라도 비판과 불평을 야기할 수 있는 소지를 충분히 안고 있는 주제다. 인류의 진정한 관심은 끊임없는 변화와 영구적인 혁신을 추구하는데 있는 듯하다. 하지만 정부는 변화와 개혁을 완강히 거부하는 속성을 지닌다."

정부에 대한 고드윈의 시각은 다분히 비판적이다. 이런 관점에서 고드윈은 "정부가 사람들의 동의에 근거한다면 동의를 거부한 개인에 대해서는 어떤 권력도 가질 수 없다."며 루소 이후 확립된 사회계약론에 대해서도 부정적 입장을 취하고 있다.

또한 그는 법률은 물론 헌법에 대해서도 극단적인 반감을 드러낸다. 그에게 통치는 "정의와 진리에 대한 각 개인의 이해를 그 바탕에 두고 있는가" 여부다. 만일 다른 방법으로 통치가 이루어진다면 그것은 오로지 독재밖에 없다고 못 박고 있다. 이성의 측면에서 판단할 때 이 문제는 헌법의 존재 유무가 아니다.

> "우리에게 헌법이 아닌 평등과 정의를 달라. 아무런 강요 없이 우리 자신의 판단에 따라 이해와 지식의 성장에 보조를 맞춰 사회질서를 변혁시켜 나갈 수 있게 하라."

고드윈은, 사회의 기능은 법을 제정하는 것이 아니라 법을 해석하는 데 있으며, 불변의 이성만이 참된 입법자 역할을 수행할 수 있다고 본다. 사회가 정의의 원리에 만족하고, 그것을 왜곡시키거나 가감하는 사태가 빚어지지 않는 한 법률은 그다지 필요하지 않다는 것이 고드윈의 결론이다.

이처럼 고드윈은 자신의 사상의 기초를 도덕적 이성에 바탕을 두고 인간과 사회의 진보를 믿고 있다. 그에게 있어 가장 바람직한 사회는 곧 이성적 도덕원리에 바탕을 둔 자유사회다. 사회의 모든 구성원을 한 사람의 인간으로 대우하는 정치제도인 민주주의마저도 그에게는 '하나의 도덕원리'로 인식된다. 정치는 윤리학의 일부에 지나지 않는다고 보는 그는 주저(主著)『정치적 정의』에서 자신이 입증하고자 하는 문제에 대해 다음과 같이 분명하게 견해를 밝히고 있다.

윌리엄 고드윈,
『최초의 아나키스트』 표지

"『정치적 정의』에서 입증하고자 하는 문제는 개인이 도덕적 주체로서 분별력을 행사해야 한다는 점, 즉 자유롭고 객관적이고 독립적인 판단에 의해 행동해야 하며, 어쩔 수 없는 비상사태를 제외하고는 그 어떤 개인이나 기관도 사적인 판단 영역을 침해할 수 없다는 점을 밝히는 것이다."

고드윈은 도덕적 주체로서 개인의 독립성과 자율에 대한 강한 신념을 가지고 있다. 그 신념은, "비상사태를 제외하고는 그 어떤 개인이나 기관도 사적인 판단 영역을 침해할 수 없다."는 표현에서 확인할 수 있다.

문제는 정부로 대표되는 국가권력과 개인의 관계다. 정부는 그 존재 목적을 원칙적으로 사회질서와 안전 유지에 두고 있다. 이 목적을 달성하기 위해 정부는 강제력을 사용할 수밖에 없고, 그 결과 개인의 사적 판단 영역이 침해된다. 만일 자신의 사적 판단 영역(즉, 권리)을 침해받은 개인이 정부를 포함한 비이성적인 제도의 폐지나 개혁을 요구한다면 어떻게 해야 할까? 이에 대해 고드윈의 사상을 혁명, 개혁, 아나키즘의 세 가지로 나누어 분석하면, 그는 혁명과 아나키즘에 대해서는 '아니오!', 개혁에 대해서는 '예!' 입장을 취하고 있다.

혁명에 대해 고드윈은, "혁명은 독재에 대한 공포심에서 시작되지만 결국에는 스스로 독재를 행함으로써 상황을 더욱 악화시킨다."고 평가한다. "혁명기야말로 자유를 가장 크게 억압하는 시기다."라고 하면서, "사상을 검열하고 그것을 징벌하려는 시도는 가장 혐오스런 독재다. 하지만 이런 식의 시도가 혁명기에 특히 더 많이 이뤄진다."는 것이 그의 입장이다. 그가 혁명에 대해 이렇게 극도의 부정적인 의견을 제시하는 이유는, 정치란 인간의 행복을 위하여 가급적 폭력을 예방하는 노력이므로 혁명도 결국 하나의 '정치적 폭력'이기 때문이다.

만일 혁명에 의한 독재가 실시되는 경우에는 어떻게 해야 할 것인가? 고드윈의 주장은 단호하다. "나는 내 나라를 침범한 독재자에 대해 무력투쟁을 전개해야 한다. 왜냐하면 말로는 그의 침략행위를 중단하게 만들 수 없고, 독재 상황에서는 동포들이 지성적인 독립을 유지하기 어렵기 때문이다." 혁명이란 독립적 개인의 도덕적 이성과 정의에 반하는 폭력이므로 자유사회와 양립할 수 없다는 것이 고드윈의 결론이다.

그러나 혁명에 대한 부정적 인식과는 달리 개혁에 대해서는 아주 긍정적으로 우호적인 입장을 취한다.

"오, 개혁! 온건하고 유쾌한 힘이여! 그 이름이 거룩하지 못한 부정한 입술에 의해 오염된 적이 얼마나 많았던가! 그 깃발이 선동가들의 손에서 펄럭이고, 살인자들에 의해 핏물에 흥건히 젖어 흉하게 변해버린 적이 얼마나 많았던가!"

고드윈은 개혁을 방해하는 모든 정치가들을 비판한다. "인간의 위대한 대의를 방해하는 원수는 둘이다. 하나는 수구주의자들이고, 다른 하나는 혁신주의자들이다." 어떠한 정치적 이념이든 인간이 가진 가장 고귀한 특권은 각 개인이 가진 독립성이다. 그러므로 사람들에게 우리가 옳다고 생각하는 것을 받아들이도록 강요하는 것은 도저히 용납할 수 없는 독재다.

마지막으로 고드윈은 아나키즘에 대해서도 대체로 부정적인 입장을 취하고 있다. 그는 아나키즘과 아나키 상태를 폭력적인 양상을 띠는 무질서 상태와 정부 없이도 훌륭한 사회질서가 유지되는 상태의 두 가지 유형으로 나누어 이해한다. 전자에 대해서는 부정적이나 후자에 대해서는 긍정적인 가능성을 열어두고 있다.

고드윈이 아나키즘에 대해 부정적인 이유는, 혁명이 가지는 폭력성과 그로 인한 독재를 거부하는 것과 동일한 맥락이다. 그는 말한다. "이런 모든 해악에도 불구하고 아나키 상태의 해악이 정부가 있는 사회의 해악보다 더 나쁘다는 성급한 결론을 내려서는 곤란하다. 개인의 안전도 아나키 상태보다는 독재 상태에서 더욱더 보장받기 어렵다. 왜냐하면 아나키 상태는 일시적이지만 독재 상태는 영구적이기 때문이다." 고드윈은 아나키즘 그 자체를 부정하는 것이 아니라 아나키 상태로 인한 무질서와 폭력, 그리고 그로 인한 독재에 대해 경각심을 가지고 있다.

그래서 그는 아나키즘을 전제할 때 두 가지를 생각해야 한다고 주장한다. 하나는, 정치적 자유의 개념이 무엇인가, 다른 하나는, 아나키 사회의 종착점이 어디인가 하는 것이다. 이에 대한 올바른 이해 없는 아나키즘은 자칫 무질서와 폭력이 난무하는 사회를 초래할 수 있다.

그렇다면 어떤 이유로 사람들은 아나키즘을 꿈꾸고 아나키 사회를 건설하려고 할까? 고드윈은 그 이유를, "아나키 상태는 깊은 통찰력을 지닌 철학자가 상상할 수 있는 완전한 형태의 사회일 수도 있다는 가능성"에서 찾고 있다. 또한 아나키 상태는 "지금까지 터무니없이 왜곡되어 온 참된 자유의 형상을 내포하고 있으며, 압제에 대한 증오심의 결과"이다. 고드윈에게 있어 아나키 상태는 도덕적 이성을 가진 독립적 개인이 그 자신의 참된 자유가 왜곡되고, 독재자의 압제에 대한 증오심이 분출된 결과이다. 따라서 "인간 사회를 이해의 눈으로 바라보면 강제적인 법률 없이도 서로 집단사회를 구성하고 잘 살아갈 수 있다는 확신을 얻을 수 있다."며 종국적으로는 아나키즘에 대한 긍정적 결론을 제시하고 있다.

위의 논의를 종합해보면, 고드윈이 꿈꾸는 가장 바람직한 사회는 자유사회인 동시에 이성인이 집합된 사회, 즉 이성사회다. "이성이 지배하는 사회에는 사랑의 정신만이 충만할 것이다."라는 그의 말에 드러나듯이 그 사회는 도덕사회이기도 하다. 또한 그는 개인과 사회의 진보에 대한 절대적 신념을 가지고 있는 종교적 낙관주의자다. "모든 사람이 미덕과 선의 진보를 목격하게 될 것이고, 때로 희망을 가로막는 장애 요인들을 발견하게 되더라도 실패 자체를 진보에 필요한 하나의 과정으로 생각하게 될 것이다."라는 말에서 우리는 자유롭고 독립된 이성인으로서 개인에 대한 무한한 신뢰를 느낄 수 있다.

하지만 그의 기대와는 달리 인간의 판단을 존중하지 않고, 행동을 통제하려는 잘못된 수단을 사용하여 강압적인 통제를 가하는 정부(국가)가 나타나면 어떻게 해야 할 것인가? 고드윈은, "자유로운 사회에서는 이성과 정의의 명분 외에 다른 명분을 내세워서는 사람들의 협력을 얻을 수 없다."며, "생각을 설득하고 마음을 움직이는 것 외에 다른 수단으로는 그들을 통치할 수 없다."고 주장하고 있다.

그는 국가 의회 및 지역 자치단체의 배심제도와 지역의회의 권한 남용 사례를 들어 만일 정부가 '비이성적 제도'로 기능한다면, 그 정부는 해체되어야 한다고 주장한다.

> "정부는 인류의 악을 종용하는 야만적인 제도다. (...) 정부를 완전히 해체하는 방법 외에 다른 방법으로는 그런 해악을 근절할 수 없다. 의식 있는 인류의 친구들이여, 정부가 해체된 행복한 시대를 기쁜 마음으로 기대하자!"

그의 바람대로 개인(들)은 정부(국가)없는 사회에서 자유롭게 살 수 있게 되었는가? 자유로운 아나키 사회를 꿈꾸는 그의 사상은 다른 아나키스트에게 많은 영향을 끼쳤다.

8. 슈티르너: 국가는 유령이다

"헛되도다! 헛되고 헛되도다!"

막스 슈티르너(Max Stirner; 1806~1856)의 대표적 저서『유일자와 그 소유(Der Einzige und sein Eigenthum)』(이하,『유일자』)[2]는 이 말로 시작한다. 그의 이 말은 전도서 1장 1절의 "헛되고 헛되니 모든 것이 헛되다(Vanitas vanitatum et omnia vanitas)"를 떠올리게 한다. 하지만 슈티르너는 1789년 괴테(Johann Wolfgang von Goethe)의 시 "Vanitas! Vanitatum Vanitas!"에서 착안하여 이 말을 썼다고 한다.

슈티르너는 무엇에 대해 이렇게 '헛되다'며 탄식하며 이 책을 썼을까? 그의 탄식은 자유주의자들이 품고 있는 국가의 보편성에 대한 비판과 직결된다.

슈티르너만큼 국가와 개인을 대비시

막스 슈티르너

---

[2] 『유일자와 그 소유(Der Einzige und sein Eigenthum)』는 『The Ego and Its Own』, 『The Unique Individual and His Property』, 『The Single One and His Property』, 『The Individual and His Pereogative』 등 영어로 다양한 제목으로 번역되고 있다(박종성 박사 학위논문, 8쪽). 본고에서는 다음 책을 참고하였다. Max Stirner, 『The Ego and His Own』. Translated form the Germany by Steven T. Byington, With an Introduction by J.L. Walker, New York, Benj. R. Tucker, Publisher, 1907.

켜 철저하게 국가를 비판하고, 개인의 주체성을 탐구한 철학자는 없다고 해도 과언이 아니다. 그는 프로이센의 청년 헤겔학파 철학자로 출발했지만 그의 철학은 허무주의와 개인주의에 큰 영향을 끼쳤다. 또한 에고이스트 연합을 주창한 그는 사회주의적 아나키스트인 프루동이나 바쿠닌과는 달리 개인주의적 아나키스트로 불리기도 한다.

슈티르너는 1806년 10월 25일 독일 바이로이트에서 플루트를 만드는 장인인 아버지 슈미트(Albert Christiam Heinrich Schmidt)와 어머니 엘레노라(Sophia Elenora) 사이에서 태어났다.

그는 한동안 잊힌 인물이었다. 그러다 사후 40여 년이 지난 1890년대에 들어 아나키스트집단을 통해 『유일자』가 널리 읽히면서 다시 세상의 주목을 받았다. 그러나 무엇보다 그의 생애와 학문적 업적이 세상에 알려지게 된 것은 맥케이(John Henry Mackay) 덕분이다. 맥케이는 1898년 슈티르너가 쓴 칼럼, 논문 및 저서 등의 원고들을 모아 『막스 슈티르너 저작모음 제1집(Max Stirner's Kleinere Schriften und Entgegnungen auf die Kritik seines Werkes)』을, 그리고 이를 보충하여 제2집을 발간하였다. 이후 다른 이들에 의해 지속적으로 보완되었다.

『유일자와 그 소유』라는 이 책의 제목에서 보듯이 슈티르너 사상의 핵심은, '유일자'의 개념을 이해하는 것이다.

첫째, 유일자는 유일무이하다. 슈티르너의 표현을 빌면, 유일자는 "전제되지 않은 전제"이고, 매 순간 존재하는 '드러난

나', '영원히 존재하지 않는 나', '유한한 나'이다. 즉, 그는 보편적 관념에 존재하는 '나'가 아니라 현실에서 실체로 존재하는 과정의 '나', 즉 '일시적 나'를 유일자로 보고 있다.

둘째, 유일자는 '창조적 無(혹은 허무)'다. 유일자란 의식, 언어, 개념의 차원에서만 바라보면, 그 개념을 제대로 파악할 수 없으므로 '(虛)無'라고 낙인을 찍게 된다. 이와는 달리 슈티르너는 無의 상태에 있는 유일자의 자아를 오히려 적극적으로 '창조적 無'라고 주장한다.

"나는 유일하다!" 슈티르너는 인간을 포함한 천지만물을 창조한 것은 신이 아니라 유일자임을 선언한다. 이로써 창조주인 신과 결별하고, 유일자의 자아를 통하여 새롭게 세상을 창조한다. 그에게 있어 유일자는 '창조적 인격을 가진 나', 즉 '자기 창조적 인간'이다. 슈티르너는 『유일자』 서문의 마지막 문단을 이 말로 끝맺고 있다. "나 이외의 것은 나 자신에게는 모두 無다!"

슈티르너는 어떤 이유로 '無'라는 유일자의 자아를 주장했을까? 이 주장을 통하여 그는 미래지향적인 적극적 자아주체성을 도출하는 데 성공했을까? 그가 주장한 국가론과 에고이스트연합을 중심으로 살펴본다.

국가론

"국가는 유령이다."

이 말은 유일자를 주장한 에고이스트 슈티르너의 사상을 가장 잘 드러내는 말로 회자되고 있다. 그는 신, 황제, 교황, 조국, 민족 등 일체의 권위를 유령으로 본다. 만일 이 유령들에 대한 사상을 구체화시키지 못하면, 이들은 무시무시한 힘을 갖게 된다. 그에게는 오직 나만이 구체적이다. 그 외 다른 모든 것은 유령이자 도깨비에 불과하다.

슈티르너의 이 선언은 미래지향적 자기창조자로서 '유일자-나'가 가지는 당연한 권리다. 유령에 불과한 국가는 '나'를 창조할 수 없고, 오직 '유일자-나'만이 국가를 만들 수도, 없앨 수도 있다. 본래부터 '나'의 소유인 모든 것을 '나 자신의 것'으로 돌리는 것은 너무나 자연스런 것이다. 그것이 국가라 할지라도. 그러나 슈티르너가 주장하고자 하는 핵심은 '국가 그 자체'가 아니다. 국가라는 '고정관념'의 해체와 소멸이다.

슈티르너에 의하면, 고정관념이란 인간을 복종시키는 관념, 즉 나 자신을 부정하고 희생시키는 관념이자 자신을 타자에게 복종시키는 관념이다. 그 관념의 대표적인 예로는, 신, 인간성, 진리, 자유, 민족 등을 들 수 있다. 이러한 관념은 그동안 종교(기독교)와 철학을 통하여 인간이 숭배하고 수호해야 할 지고한 가치로 간주되어왔다. 누구든 이를 의심할 경우, 신성모독으로 처벌받는다. 우리는 자신과는 무관한 것을 신성시하고, 그에 지배를 받고 있다. 슈티르너는 묻는다. 도대체 신, 인간성, 진리, 자유, 민족 등이 나와 무슨 관계가 있는가.

그에게 있어 일체의 경건함은 인간적이거나 본질적인 것이 아니다. 우리는 나 자신과 관계없는 모든 것에 저

막스 슈티르너,
『유일자와 그 소유』 표지

항하고 거부해야 한다. 심지어 칼을 빼들고 목을 쳐야 한다. 고정관념에서 벗어날 수 있는 유일한 길은 무엇일까? 나의 관심이 아닌 기존의 모든 것을 無로 취급하는 일, 즉 모든 가치의 전도를 통하는 것뿐이다. 오직 자신의 것만을 생각하는 에고이스트이자 유일자 슈티르너의 진면목을 여실히 보여주는 대목이다.

슈티르너는 모든 가치의 전도라는 관점에서 국가라는 고정관념 역시 해체하고자 시도한다. "국가는 유령이다."는 말은 곧 "국가라는 '고정관념'은 유령"이라는 뜻이다.

자기창조자로서 유일자인 나를 추구하는 슈티르너에게 있어 나를 속박하고, 복종을 강요하는 국가와 나는 처음부터 양립할 수 없다. 그럼에도 왜 개인은 이러한 국가를 인정할 수밖

에 없는가? 그 이유는 국민과 국가가 서로의 이익을 위해 필요하기 때문이다. 그의 표현에 따르면, "우리가 함께 모여 있는 것이 국가이고, 함께 모여 있는 우리가 국민이다." 더 나아가 그는, 국민과 국가로 결속되어 있는 사회형태에 대해 신랄한 비판을 한다.

참된(혹은 진정한) 인간은 국민이지만, 개인은 항상 에고이스트로 남을 수밖에 없다. 슈티르너의 이 말은 지독한 역설이다. 하지만 뒤따르는 그의 주장을 들으면, 국가에게 예속되어 무한한 복종을 강요받는 '참된 인간=국민'의 자화상에 슬픔을 넘어 가슴이 저려온다.

슈티르너에 있어 참된 인간은 곧 선량한(혹은 착한) 시민들이다. 이들은 국가에게 세금을 내고, 국가는 그 세금을 사용하여 그들을 보호하기 위한 경찰제도를 도입한다. 이제 국가는 경찰을 통해 정치권력을 행사하고, 선량한 시민들을 억압한다. 슈티르너의 표현에 의하면, 국가는 마치 국가기계(the State machine)와 같다. 국가는 이 기계를 통해 개인을 억압한다.

그의 이 비판은, 국가로부터 전적으로 자유롭지 못한 오늘날의 '참된 인간=선량한 시민들=국민'이라는 도식으로 우리에게 여전히 절실하게 다가온다. 또한 앞으로도 우리는 국가와 국민이라는 이 결속으로부터 자유로울 것 같지도 않다. 그 주된 이유는, 근대 국가와 국민의 관계가 사회계약에 의한 개인의 자유로운 사적 평등 원칙에 의거하여 출발했기 때문이다.

이에 대해 슈티르너는 "돈이 세상을 지배한다."라는 관념에 의거하여 '근대국가=부르주아국가'에서 그 원인을 찾고 있다.

"국가는 부르주아의 국가이며, 부르주아의 재산이다."

그의 말에서 보듯이 국가는 개인의 내면에 내재된 소유(권)의 욕망을 적절하게 활용하여 자신의 정치권력을 행사한다. 개인의 자기 지배와 통치는 사라지고, 전체로서의 국가이익을 달성하도록 개인에게 무조건적 순종과 충성을 강요하고 있는 것이다. "헛되도다! 헛되고 헛되도다!"라는 그의 탄식은 자유주의국가가 곧 소유에 기반을 둔 부르주아국가라는 성찰에 따른 것이다. 따라서 '창조적 無'로서 유일자인 '나'는 본질적으로 에고이스트("창조적 無=유일자=나=에고이스트")일 수밖에 없다.

에고이스트연합

"인민의 자유는 *나의* 자유가 아니다!"

이 말에서 보듯이 슈티르너는 독일 낭만주의철학의 분위기 속에서 사유하면서 개인주의적 아나키즘의 선구자라고 할 만하다. 그는 국가·재산(소유권)·법률·의무 등 보편적 도덕이념 혹은 절대이념을 개인보다 우위에 두는 독일의 근대관념론을 비판한다. 모든 가치 혹은 체제의 최상위에는 '유일자·나'가 있다. 슈티르너는 '나'에 대한 본질이 아니라 철저하게 '나'

의 실존에 대해 파고든다.

슈티르너는 자본주의와 그것을 지지하는 국가를 에고이스트의 입장에서 철저하게 비판하고, 공격함으로써 개인주의적 아나키즘의 철학적·사상적 기초를 확립하였다. 이 입장에서 국가와 자본주의의 대안으로 그가 제안한 것이 바로 '에고이스트연합(the Union of Egoists)'이다.

에고이스트연합이란 "에고이스트-개인의 자유를 최대한으로 확대하고, 자신의 욕망을 만족시키기 위하여 유일자들 상호간에 평등한 입장에서 협력하는 자유로운 조직"이다. 그에게 있어 사회는 에고이스트들에게는 불만족한 체제일 수밖에 없다.

슈티르너가 제안하는 에고이스트연합은 종교나 국가체제처럼 위계적 혹은 계층적 구조가 아니라 비위계적 혹은 비계층적 구조를 취한다. 하지만 이 연합을 구성하는 에고이스트(들)의 개념에 관한 슈티르너의 설명은 일률적이지 않고 상당히 복잡한 양상을 띠고 있다.

슈티르너는 왜 유일자인 에고이스트(들)의 연합의 결성을 강조하고 있는가?

슈티르너는 억압적 근대성에 대한 저항으로 유일자 개념을 도출한다. 이를 통해 억압받고 배재된 존재에 따뜻한 사랑과 연민의 눈길을 보낸다. 이 존재는 에고이즘으로 나타나며, 기존의 모든 관행과 제도를 거부하고, 새로운 형태의 에고이스트연합을 통해 자아의 해방을 모색한다. 따라서 그에게 있어 국가를 비롯한 사회는 억압적인 것이고, 그 대안이 바로 '연합'이다.

"사회의 해체는 교류 혹은 연합이다."

결국 슈티르너는 억압적인 사회의 해체를 통한 에고이스트-개인 간의 교류 혹은 에고이스트연합의 결성을 주장한다. 이렇게 하여 결성된 연합은 끊임없는 자기연합(an incessant self-uniting)이다.

슈티르너는 사회의 해체가 이뤄지는 상태를 교류 혹은 연합으로 본다. 즉, 에고이스트들의 교류가 곧 연합이다. 그의 이 생각은, "만약 연합이 사회로 굳어진다면, 그것은 연대를 멈추는 것이다."라는 말에서도 확인된다. 에고이스트연합이 결성되었다 할지라도 그 연합이 다시 사회화되어 버리면, 그것은 곧 연대가 멈추는 것이다. 그 연합은 죽은 연합이고, 연합 혹은 연대의 시체에 불과한 것이다.

여기서 중요한 것은, 슈티르너는 연합의 개념을 운동성, 즉, 연합의 고정성을 거부하고 활동성에 중점을 두고 파악하고 있다는 점이다.

슈티르너가 주장하는 연합의 운동성은 자발성과 더불어 중요한 의미가 있다. 그의 주장에 따르면, 에고이스트는 두 유형, 즉 자발적 에고이스트와 비자발적 에고이스트로 나뉜다. 연합에 참여하는 개인은 자발적이며, 능동적 에고이스트다. 그런 개인이어야만 "연합이 너를 소유하는 것이 아니라, 네가 연합을 소유하거나 너를 위해 이용할 수 있기 때문이다." 이런 상태가 되어야만 에고이스트연합은 연합의 원리를 구성하는 유일자의 존재론적 삶이 반영될 수 있다. 나아가 에고이스트연합은 개인의 자율성이 보장될 수 있는 유일한 공간이 될 수 있다.

『유일자』에서 아나키라는 표현은 단 두 번밖에 나오지 않는다. 그것도 이 표현은 무법상태를 의미하는 *lawlessness*와 함께 사용하고 있다. 그에게 아나키란 다분히 무질서 혹은 무법을 뜻하는 부정적 의미로 인식되고 있음을 알 수 있다. 따라서 여러 측면에서 우리는 슈티르너를 아나키스트라고 성급하게 결론내릴 수는 없다. 하지만 『유일자』와 그가 쓴 수많은 칼럼과 논문을 통해 드러난 그의 사상을 살펴보면, 그는 평생 고독한 아나키스트로 살았음을 알 수 있다. 또한 그가 의도했든 아니든 그의 사상은 아나키즘 이론을 정립하는 데 기초가 되었으며, 바쿠닌과 크로포트킨 등 실천적 아나키스트들에게 지대한 영향을 미쳤다.

어쩌면 슈티르너가 아나키스트인지 아닌지, 또 그가 아나키즘에 어떤 영향을 미쳤는지 아닌지는 중요치 않다. "오직 살아 있는 자만이 권리가 있다." 이 말대로 그는 평생 철저한 '유일자-에고이스트'이자 '자유인-나'로 살았다.

사회주의적 아나키즘

9. 프루동: 소유는 도둑질이다

"프루동은 우리 모두의 주인이다."

미하일 바쿠닌의 이 말은 '아나키즘의 아버지'로 불리는 피에르-조제프 프루동(Pierre-Joseph Proudhon; 1809.1.15.~1865.1.19)에 대한 최고의 찬사다. 어떠한 권위도, 지배(자)도, 또 통치(자)도 부정하는 아나키스트들에게 '우리 모두의 주인'은 있을 수 없다. 이율배반적이자 모순적인 이 표현은 아나키즘과 아나키스트들에게 프루동이 차지하고 있는 위상과 그 영향력을 잘 보여주고 있다.

프루동은 프랑스 동부 프랑슈-콩테 지방에 있는 브장송에서 태어났다. 그의 아버지는 양조장에서 알코올을 제조하는 노동자였다. "나는 가난하고, 가난한 자의 아들이다. 나는 가난한 이들과 일생을 보냈으며, 십중팔구는 가난하게 죽을 것이다." 그의 말에서 보

피에르-조제프 프루동

듯이 가난은 그의 아나키즘 사상 형성에 깊은 영향을 미쳤다.

프루동은 스스로 '최초의 아나키스트'로 명명하고, 그렇게 불리기를 원했다. 그의 바람대로 바쿠닌과 크로포트킨을 비롯한 아나키스트들은 그를 '아나키즘의 아버지'로 부르며 추앙

했고, 많은 사상가들에게도 지대한 영향을 미쳤다. 실제로 프루동은 아나키즘에 관한 구체적 이론을 정립하고, 그 실천적 행동방향을 명확하게 제시하였다. 그 당시 지식인들은 프루동에 열광하였고, 그의 사상에 영향을 입은 다양한 예술문학작품이 나왔다.[3]

아나키의 개념

프루동이 남긴 중요한 업적 중의 하나는 아나키의 개념을 명확히 한 것이다. 아나키 · 아나키즘이란 용어는 프랑스혁명 당시에도 사용되고 있었다. 그러나 오늘날 보편적으로 이해되는 아나키 · 아나키즘이란 의미로 이 두 용어를 처음으로 사용하고, 그 개념을 명확히 정의한 이가 바로 프루동이다.

『연방의 원리』에서 프루동은 '아나키'에 대해 다음과 같이 자신의 견해를 밝히고 있다.

"다양한 자유체제가 있는 것과 마찬가지로, 나는 영어로 '자치정부'로 불리는 체제를 아나키 혹은 개별정부로 지칭하고자 한다. 일련의 모순을 포함하고 있는 아나키한 정부란 표현은 불가능하고, 또 이는 부조리한 이념인 것처럼 보인다. 하지만 여기서 언어(용어)를 재구성하면, 정

---

[3] 톨스토이는 프루동의 영향을 받아 유명한 소설 『전쟁과 평화(La guerre et la paix)』를 썼고, 쿠르베(Jean-Désiré Gustave Courbet)는 그의 초상화를 그리기도 하였다.

치적으로 아나키의 개념은 다른 것과 마찬가지로 합리적
이고 또 긍정적이다."

현실적으로 아나키란 말은 프랑스대혁명 이후 19세기 정치
에서 지배자 또는 통치가 없는 상태를 뜻하는, 즉 폭력과 무질
서와 동의어인 부정적인 의미로 사용되었다.[4] 하지만 프루동
은, 아나키정부를 다양한 자유체제의 한 유형인 자치정부로
파악하고 있다. 특히 "아나키의 개념은 다른 것과 마찬가지로
합리적이고 또 긍정적이다."라는 표현에서 보듯이 프루동은
아나키에 긍정적인 의미를 부여하고자 노력하였다. 그의 관점
에서 보면, 아나키란 무지배 혹은 무통치를 뜻하고, 모든 유형
의 권위를 거부하는 것이다.

프루동은 교회, 종교 및 독재와 같은 모든 유형의 절대적 힘
(즉, 권위)에 대항하여 개인의 자유를 옹호하고자 의도하였다.
그러므로 어떤 경우라도 공공이익 또는 사회정의를 이유로 개
인이 희생되어서는 안 된다고 주장하였다.

프루동에 따르면, 개인과 사회는 원래 스스로 성장하고 발
전하는 것이고, 사회의 불의와 불평등은 공권력의 지나친 간
섭과 통제에서 오는 것이다. 따라서 강제적인 지배와 통치가

---

[4] 막스 슈티르너(Max Stirner)에 의하면, 아나키즘은 크게 무질서, 무지배(혹은 무통치) 및 무
정부의 세 가지의 뜻으로 사용되고 있다. 이 가운데 세 번째 뜻으로 사용되는 '무정부'는
자칫 아나키즘이 테러 등 무장폭력수단마저도 서슴지 않고 사용하는 부정적 집단이라는
오해를 불러일으켰다.

사라진 사회만이 진정한 조화와 안정을 되찾을 수 있다. 이러한 사회, 즉 주인이나 주권자가 부재한 통치형태를 프루동은 아나키라고 보았다. 인간을 통치하는 지배제도는 필요하지 않다는 것이 아나키에 대한 프루동의 관념이다.

프루동이 사용한 아나키란 표현은 권위가 존재하지 않는 사회를 위한 논거로서 자연법에 대한 기대감을 표시하고 있다. 즉, 그의 아나키 개념에는 사회의 내부에는 균형의 자연법이 기능하고 있다는 관념이 전제되어 있다. 이에 따라 프루동은, 권위를 질서의 적으로 규정하고, 권위주의자들에 대해서는 과감하게 공격하고 거부하였다. 이러한 이유로 프루동은 추종자를 구하지 않았고, 어떤 종류의 조직도 만들지 않았으며, 생애의 대부분을 고립상태에서 아나키스트라는 말을 들으며 지냈다.

"권위는 질서의 적"이라는 그의 사상은 "소유와 경쟁은 전제적"이라는 결론으로 귀결된다. 프루동에게 있어 소유(권)은 어떠한 경우라 할지라도 개인의 자유를 제한할 수 없다. 만일 소유(권)이 개인의 자유를 제한한다면, 그 권리는 정의롭지 못한 것이다. 물론 프루동도 소유와 경쟁이 가지는 유효성과 필요성은 인정하고 있다. 다만, 이를 위한 전제조건은 소유와 경쟁이 특권적이어서는 안 된다는 것이다. 그의 이러한 생각은 1840년 출간된 주저(主著)『소유란 무엇인가(Qu'est ce que la propriété?)』(이하, 『소유』)에 잘 나타나 있다.

소유권 사상

"소유는 도둑질이다!"

『소유』에 언급된 이 말은 '최초의 아나키즘이론가'인 프루
동의 사상을 대변하는 것으로 회자되
고 있다.

피에르-조제프 프루동,
『소유란 무엇인가』 표지

프루동은 "소유는 불가능하다"란 제
목 아래 『소유』 제4장에서 "소유는 물
리적으로 그리고 수학적으로 불가능하
다."는 명제를 제시하고, 이에 대한 논
증을 시도하고 있다. 이를 위해 그는
"공리: 소유란 소유자가 자신의 표찰을
붙인 사물에 대해 행사하는 불로소득
권(droit d'aubaine)이다."를 내세우고, 이를 논증하기 위하여 열
가지 명제를 제시한다.

첫 번째 명제: 소유는 불가능하다. 왜냐하면 그것은 무
(無)에 대해 무엇인가를 요구하기 때문이다.

두 번째 명제: 소유는 불가능하다. 왜냐하면 소유가 용
인되는 곳에서 생산은 효용가치 이상의 비용이 들기 때문
이다.

세 번째 명제: 소유는 불가능하다. 왜냐하면 자본이 일정한 경우 생산은 소유가 아니라 노동에 비례하기 때문이다.

네 번째 명제: 소유는 불가능하다. 왜냐하면 그것은 살인 행위이기 때문이다.

다섯 번째 명제: 소유는 불가능하다. 왜냐하면 사회는 소유에 의해 자기 자신을 먹어 치우기 때문이다.

여섯 번째 명제: 소유는 불가능하다. 왜냐하면 소유는 압제의 어머니이기 때문이다.

일곱 번째 명제: 소유는 불가능하다. 왜냐하면 소유는 자신이 취득한 것을 소비함으로써 잃어버리고, 저축함으로써 폐기해 버리며, 자본화함으로써 생산에 적대하기 때문이다.

여덟 번째 명제: 소유는 불가능하다. 왜냐하면 소유의 축적력은 무한대인 반면 소유가 작용을 미치는 수량은 제한되어 있기 때문이다.

아홉 번째 명제: 소유는 불가능하다. 왜냐하면 소유는 소유에 대해 무기력하기 때문이다.

열 번째 명제: 소유는 불가능하다. 왜냐하면 소유는 평등을 부정하기 때문이다.

프루동은 위의 열 개의 명제를 통하여 그가 내세운 공리를 논증하면서, "소유는 불가능하다. 평등은 존재하지 않는다."는 결론을 내린다. 하지만 이 결론에 덧붙여 "우리는 소유를 혐오하면서도 그것을 원한다. 우리의 사고는 평등에 매달려 있으나 그것을 실현할 줄 모른다.”고 비판하면서 인간의 소유에 대한 끈질긴 집착과 불평등에 대해 다시금 의문을 제시한다.

프루동은 정의와 불의의 오류의 원인들을 소유의 기원에서 찾고 있다. 그의 주장에 따르면, 인간에게 소유는 자연적 조건이 아님에도 확고한 사회적 시스템으로 확립되었고, 이로 인하여 정의와 불의의 오류가 생겨났다. 그 오류란 바로 “누구든 소유나 공유 없이는 사회가 가능하지 않다고 생각했다.”는 것이다. 그 오류로 인해 소유는 생명력을 얻어 온 것이다.

위와 같은 비판을 바탕으로, 『소유』 제5장 제3절에서 “제3의 사회 형태의 결정-결론”에서 프루동은 “소유를 토대로 하는 어떤 통치도, 어떤 공적 경제도, 어떤 행정도 가능하지 않다.”고 단언한다. 소유제도의 오류에 대한 논증 결과, 그는 공유와 소유의 종합이라 할 수 있는 이 ‘제3의 사회 형태’를 제시한다. 그는 그 사회 형태를 ‘자유’라고 간주하고, “자유는 평등이다, 자유는 아나키다, 자유는 무한한 다양성이다, 자유는 비례균형이다.”고 역설한다. 그리고는 쿠쟁의 말을 빌려 그는 다음과 같이 주장한다.

"우리의 원리는 진실이다. 우리의 원리는 훌륭하고 사회적이다. 그러므로 거기서 모든 결론을 얻기를 두려워 말자."

이것으로 프루동은 "소유는 타도되었다."고 선언한다. 그러면서 그는, "어떤 궤변들, 어떤 고집불통의 편견들이 버틸 수 있으랴."며 자신의 논의에 종지부를 찍는다.

프루동의 바람대로 과연 그는 자유를 통해 소유를 타도하거나 또는 파괴했는가? 대표작인 『소유』에서 그는 "소유는 타도되었다."고 선언하면서 '소유의 타도자'로서의 면모를 보이고 있다. 그러나 역설적이게도 그의 유작(遺作)인 『소유의 이론(*Théorie de la propriété, 1866*)』에서 프루동은 오히려 '소유의 옹호자'로 변신하고 있다.

> "소유는 원래 그대로는 악의 원리 그 자체이며 반사회적이나, 스스로 일반화되는 과정에 의해, 그리고 다른 제도들의 도움을 받아 사회체제의 중추이자 원동력이 되기 마련이다. (...) 시민이 국가 안에서 제 몫을 하기 위해서는 인신의 자유만으로는 충분하지 않다. 국가가 공적 영역에 대한 주권을 가지고 있는 만큼, 시민에게는 자신이 완전한 주인으로서 차지한 물질의 몫에 의해 자신의 인격을 보장받는 일이 필요하다. 이러한 조건은 소유에 의해 충족된다."

『소유의 이론』이 출간된 1865년 프루동은 동시에 『노동자 계급의 정치적 역량에 관하여(*De la capacité politique des classes ouvrières*, 1865)』를 세상에 내놓는다. 사실상 그의 유작이 된 두 권의 저서를 통해 프루동은 소유와 통치의 불가피성을 인정하고, 권력과 국가를 재조직할 방안을 제시한다.

그러나 그의 이러한 변신은 자연스런 것이다. 프루동은 "소유는 도둑질이다."라고 선언했지만, 자신은 소유를 철폐할 의사가 전혀 없음을 분명히 했다. 더구나 소유를 철폐한다는 것은 터무니없는 주장이고, 공산주의로 전락할 위험이 있으므로 자신은 공산주의에 계속 저항해왔다고 말했다. 그의 주장에 따르면, 소유는 아무 원인 없이 생긴 것이기 때문에 소유란 그 순수한 개념으로 환원하면 도둑질과 같다. 그는 소유가 가지고 있는 위험한 요소를 제거하고, 그 균형을 회복하고 평형을 유지할 필요가 있다고 보았던 것이다.

자유와 평등, 그리고 정의의 원리가 적용되는 소유에 기반한 사회는 가능한가? 그가 '체제 파괴자'에서 벗어나 '체제 설계자'로서 내놓은 방안이 바로 1863년 발간된 『연방의 원리』에서 제시된 '연방주의(혹은 연방제)'다. 초기 생애의 프루동을 아나키스트로 규정할 수 있다면, 후기 생애의 그를 연방주의자로 불러야 하는 이유다.

연방사상

프루동은 개인의 자유가 최대한 실현될 수 있는 체제로서 아나키를 "주인이나 주권자가 부재한 통치형태" 혹은 "개인에 의한 개인의 통치형태"로 보고 있다. 이러한 아나키를 현실적으로 실현할 수 있는 정치제도는 무엇일까. 그 제도로서 프루동이 주장하는 것이 바로 '연방'이다.

> "1840년에 내가 통치에 대한 나의 비판적 결론이 아나키로 시작했다면, 나는 만민법의 기본토대이자 모든 국가 조직의 사망선고라 할 연방주의로 끝을 맺어야 할 것이다."

프루동은 만년에 자신의 사상 편력에 대해 회고하면서 연방주의는 아나키즘의 연장선에 있다고 술회하였다.

그는 『연방의 원리』 제1부 제7장 "연방 사상의 형성"에서 아나키에 근거한 자신의 연방사상에 대해 검토하고 있다.

프루동은 프랑스 민법 제1101조 등 일반적인 계약에 관한 규정의 내용을 소개하고, "계약의 형태와 조건에 관한 민법의 구별과 정의에 나는 계약의 목적에 관한 또 하나의 정의를 추가하고 싶다."고 하면서 다음과 같은 정치계약을 제안한다.

> "취급하는 사물의 성격 혹은 제안하는 목표에 의하여,

가정, 시민, 상업 혹은 정치에 관한 계약이 있다."

위 계약의 내용 가운데 정치에 관한 계약, 즉 정치계약이 바로 연방의 근거다. 다시 말하여, 연방이란 "자기 자신의 독재자"로서 "개인에 의한 개인의 통치형태"인 아나키가 현실적으로 실현될 수 있는 정치제도이다. 이러한 개념으로 이해되는 정치계약에 대해 프루동은 다음과 같이 설명한다.

"이 계약은 … 첫째, 쌍무적이자 실정적이어야 하고, 둘째, 일정한 제한 속에서 그 목적은 한정되어야 한다는 조건 아래서만 그 존엄과 도덕성을 획득한다. 이 두 조건은 민주체제하에서만 존재한다."

이처럼 프루동은 정치계약이 성립하기 위한 두 가지 조건에 대해 자신의 견해를 피력하고 있다. 이 조건은 '민주체제하에서만 존재한다.'고 하면서도 그는 다음과 같이 의문을 제시한다.

"하지만 이 조건은 흔히 허구로 간주된다. 대의제적·중앙집권적 민주체제하에서, 입헌적·세금납부자(선거권 취득세) 군주체제하에서, 그리고 플라톤의 방식에 따른 공산주의공화국체제 하에서 시민을 국가에 결부시키는 정치계약은 평등하고, 상호적이라고 말할 수 있는가? 시민으로부터 그들의 주권을 반분 내지 3등분하고, 그들의 생산물

중 4분의 1을 빼앗아가는 계약이 정당하게 한정되고 있다고 말할 수 있는가? 좀 더 솔직하게 말하자면, 이 계약은 모든 체제에서 법적 한계를 벗어나는 것이며, 또 비용을 지불해야 하는(즉, 有償) 것이다. 따라서 그 계약은 여러 측면을 고려해보면 보상이 없고, 이미 불충분한 약속을 한 상태로 이익이 보장되지 않으므로 다분히 사행적이다."

정치계약은 민주적이라는 주장에 대해 비판하면서 프루동은 정치계약의 또 다른 유형으로 '연방'을 제시한다.

"정치계약이 쌍무적·실정적 조건을 만족하는 민주정치사상을 바탕으로 유효하게 성립하기 위해서는 현명한 한계 속에 머물러야 한다. 또한 계약이 모든 사람들에게 이익이 되고, 또 편의를 제공하기 위해서는 시민은 협력 조직에 참가하고 있어야 한다. 더욱이 시민은, 첫째, 그가 국가를 위해 희생(봉사)하는 것과 동일한 대가를 국가에게서 받아야 하고, 둘째, 적어도 계약을 체결하고, 국가에게 그것을 보증하도록 요구하는 특별한 목적이 달성될 수 있도록 모든 그의 자유, 주권, 발의권을 가지고 있어야 한다. 이와 같이 정리·이해되는 정치계약은 내가 연방이라고 부르는 것이다."

프루동이 제안하는 연방사상의 바탕에는 상호주의의 이념

이 깔려있다. 사회적 동물인 인간은 혼자 살아갈 수는 없고, 타인과 협력 혹은 연대하며 살아가야 한다. 그러기 위해서는 협력조직이 필요하다. 그 형태는 국가, 사회 혹은 노동조합일 수도 있다. 그는 상호주의의 연대와 협력을 통해 공동체와 소유 개념을 결합시키고 있는 것이다.

그런데 중요한 것은 협력조직을 구성하는 정치계약이 현명한 한계를 가져야 한다는 사실이다. 프루동은 연방의 결성을 통한 협력의 전제조건으로서 권위를 부정하고, 민주적일 것을 요구하고 있다. 이 말은, 협력조직으로서 연방은 권위적이 아니라 민주적이어야 한다는 의미이다. 따라서 이러한 조직을 설립하기 위한 계약은 개인의 자유를 보장하고, 그를 위하여 현명한 한계를 설정해야 한다. 그러한 계약이어야 그 조직은 모든 사람들에게 이익이 되고, 또 편의를 제공할 수 있다. 이것이 프루동이 제안하는 연방주의의 핵심 내용이다.

이를 바탕으로 프루동은 연방의 전제조건으로 두 가지를 제시한다.

첫째, 조직과 개인은 상호 평등해야 한다, 즉, 상호 동등한 의무를 져야한다는 것을 강조한다. 그러므로 만일 국가조직이 개인에게 일정한 의무의 이행을 요구하기 위해서는 국가조직이 개인에게 먼저 그에 상응하는 의무를 이행해야 한다. 이것은 반대의 경우도 마찬가지이다.

둘째, 가령 국가조직과 개인의 관계가 상호 평등하게 설정된다고 할지라도 주도권을 가지는 것은 개인이다. 다시 말하여, 정치계약 체결의 주체로서 개인은 국가조직에게 그 계약의 특별한 목적이 달성될 수 있도록 모든 그의 자유, 주권, 발의권을 가진다. 그에게 있어 국가란 개인이 가지는 자유를 보장해야 할 의무를 지는 조직이고, 개인에게 양도받은 범위 내에서 주권을 행사할 수 있을 뿐이다. 또한 개인 대 국가 간 체결된 정치계약과 관련한 발의권은 개인에게 있다. 결국 프루동은 개인이 가지는 자유, 주권, 발의권을 실현할 수 있는 정치계약의 한 형태로 연방을 주장하고 있다.

프루동은 "20세기는 연방의 시대를 열 것이다."라며 확신에 찬 예언을 하였다. 그의 말대로, 『연방의 원리』에서 그가 제시하고 있는 연방사상은 국제적 측면뿐 아니라 국내적 측면에서도 다양한 방법으로, 또 다양한 분야에서 실현되고 있다.

국제적 측면에서, 제1·2차 세계대전 후 국제사회는 국가 간 갈등과 전쟁을 방지하고 극복하기 위한 대안으로 지역공동체를 적극적으로 결성하고 있다. 그 전형적인 예가 바로 오늘날의 유럽연합(EU)이다. 또한 국내적 측면에서, 국가주의체제가 가지는 한계를 극복하기 위한 대안으로 연방적 요소를 활발하게 도입하고 있다. 지방자치제를 위시한 개인의 권리보장을 위한 시민운동 등이 그 전형적인 사례에 해당한다. 프루동이 뿌린 연방사상의 씨앗은 국내 및 국제사회 곳곳에서 꽃피고 있다.

10. 바쿠닌: 파괴의 욕구는 곧 창조의 욕구다

"모두의 자유는 내 자유의 본질이다."

미하일 알렉산드로비치 바쿠닌(Mikhail Alexandrovich Bakunin; Михаил Александрович Бакунин. 1814.5.30~1876.7.1)을 한 마디로 정의하면, '자유를 광적으로 사랑한 혁명가'다. 그는 스스로 "나는 자유를 광적으로 사랑하는 사람"이라고 불렀다.

바쿠닌은, "프루동은 우리 모두의 주인"이라며 평생 그를 흠모하였다. '아나키즘의 아버지'로 불리는 그의 정신적 스승 프루동의 사상은 바쿠닌이 아니었다면 현실에서 빛을 발하기 어려웠을지도 모른다. 아나키즘은 "바쿠닌 이전과 이후로 나

뉜다."는 말이 있다. 바쿠닌 이전의 아나키즘 사상가인 골드윈, 슈티르너 등이 주로 개인주의적 아나키스트들이라면, 바쿠닌은 아나키즘을 정치와 사회혁명의 차원에서 현실적으로 실천한 인물이다. 바쿠닌을 '아나키즘 운동의 아버지'라고 부르는 이유다.

미하일 바쿠닌

바쿠닌은 부유한 귀족집안에서 태어나 성장하면서 물질적으로 아무런 어려움이 없는 삶을 살 수도 있었지만 그는 스스로 혁명적 아나키스트의 길을 선택하였

다. 10년 이상 장기간의 투옥과 유형도 사회혁명에 대한 불타는 그의 의지를 꺾을 수 없었다. 바쿠닌은 후일 사회민주국제동맹으로 알려진 '국제동포단'이라는 비밀조직을 결성하고, 그 단원들을 위해 『혁명가의 교리문답』을 교재로 사용하였다. 그 교재에서 그는 모든 인간성을 박탈하더라도 혁명기계가 될 것을 호소하고, 사회혁명은 평화적으로 이루는 것이 불가능하다고 선언하였다.

평생 혁명가이자 투사로 살다간 바쿠닌에 대한 평가는 엇갈린다. 하지만 그의 사상은 노엄 촘스키를 비롯한 현대의 저명한 아나키즘 이론가들은 물론 체 게바라와 같은 투사·혁명가들에게도 지대한 영향을 미쳤다. 그런데 재미있는 사실은, 그는 이론적·실천적으로 탁월한 아나키스트이지만 독자적으로 저술한 책 한 권 남기지 않았다. 그가 작성한 대표적인 팸플릿 『신과 국가(God and the State)』를 제외하면 대부분 서한이나 연설문 등의 형태로 남아있을 뿐이다. 바쿠닌은 한 동료에게 이렇게 썼다.

> "이론이나 기존의 제도, 이미 나온 책들은 세계를 구하지 못할 것입니다. 나는 어떤 체제도 고수하지 않습니다. 나는 진정한 탐구자입니다."

바쿠닌은 혁명마저도 탐구의 과정으로 보았을까. 아니면 사고하기보다 직관대로 행동하는 것으로 보았을까. 차분하게 글을 쓰면서 자신의 생각을 정리하기에는 그의 내면에서 들끓는 혁명의지가 너무 강력했을지도 모른다. 온 몸으로 부딪치며 행동으로 표출하지 않고서는 도저히 마그마처럼 들끓어 오르는 그 의지를 불태울 수 없었으리라.

자유사상

"바쿠닌의 사상은 자유로 시작하여 자유로 끝난다." 코울(G.D.H. Cole)의 말이다. 그는 바쿠닌 사상의 핵심은 "자유에 있다."고 파악한다. 바쿠닌의 자서전을 쓴 카(E.H. Carr)도 바쿠닌을 가리켜 "역사상 자유정신을 가장 완벽하게 구현한 일례"라고 하였다. 바쿠닌 스스로도 "나는 자유를 광적으로 사랑하는

E.H. 카,
『미하일 바쿠닌』 표지

사람"이라고 자처하였다. 바쿠닌은 자유에 대한 절대적 확신과 믿음을 가진 아나키즘 이론가이자 혁명가였다.

<독일에서의 반동(The Reaction in Germany)>(1842년)에서 그는 이렇게 말한다. "어느 누구도 감히 공개적으로, 또 겁도 없이 그가 자유의 적(an enemy of freedom)이라고 고백할 수 없다."

바쿠닌에 따르면, '암묵적 자유의 적들'은 다음 세 가지다.

첫째, 고위직에 있는 나이 많은 개인들이다. 이들은 표면상으로는 이미 청(소)년기에 자유의 원리를 수용하고 있다. 그들이 자유의 원리를 수용한 것은 적어도 "사업상 이익을 최소한 두 배 이상 만들어주는 짜릿한 기쁨"을 가져다주고, 또한 그 이후의 인생에서 그들의 무기력한 명성을 유지하고 생색내는 데 이 원리를 활용할 수 있기 때문이다.

둘째, 자유의 원리에 대해 어떤 열정도 가지고 있지 않은 귀족이나 부르주아 청소년들이다. 그들의 관심은 "보잘것없고, 헛되고, 경제적 이익"에 제한되어 있다. 결과적으로, 그들은 인생과 그들의 주변에 대한 경박한 개념조차 가지고 있지 않다.

셋째, 가장 중요한 적들로서 반동적인 정당이다. 보수주의자, 역사학파 및 정치와 법, 그리고 철학에서 셸링(F.W.J. Schelling, 1775~1854)을 추종하는 실증주의자 등이 이에 해당한다. 이들로 구성된 반동적인 정당은 독점적 지위를 가지고 있다.

반동적인 정당의 예 가운데 바쿠닌이 유독 셸링을 지목한 이유는 무엇일까? 셸링은 18~19세기 독일낭만주의를 대표하는 철학자다. 그의 사상은 특히 러시아의 슬라브애호주의자들을 중심으로 러시아의 정체성과 운명에 대한 일종의 메시아사상으로 받아들여졌다. 그들은 러시아와 유럽이라는 이분법적 구분에 기초하여 러시아를 서유럽과는 다른 국가·민족·종교를 소유한 유럽의 다른 부분이라고 간주하였다. 근대정신의 중심축이었던 이성과 합리성, 진보에 대한 낙관적 희망에 대한 그들의 반감은 셸링을 중심으로 한 독일 낭만주의의 영향으로 러시아의 민족주의를 촉발시킨 계기로 작용하였다. 하지만 바쿠닌은 이성을 부정하고 인간의 내면에 있는 주관적이며 직관적인 경험에 의지하는 셸링의 낭만주의를 추종하는 이들을 인정할 수 없었다.

또한 바쿠닌은 민주주의원리를 지지하는 자(민주주의정당)에 대해서도 신랄하게 비판했다. 민주주의정당은 그들의 적이 강하다는 것과 자신들이 전범위에 걸쳐 그들에 비해 상대적으로 약하다는 것을 인정해야 한다. 민주주의정당에게는 안팎의 적이 있는데, 무엇보다 그 내부의 적들을 다스려야 한다. 바쿠닌에 의하면, 민주주의는 단순히 통치하는 과정에서 나타나는 내부의 적을 다스리는 것뿐 아니라 모든 통치의 형태와 헌법적 혹은 정치경제적 변화, 나아가 세계의 전적인 변화를 이끌어내도록 해야 한다. 하지만 마지막 세 번째 변화(즉, 세계의 전적인 변화)는 기존의 역사에서는 존재한 적이 없다.

바쿠닌은 '자유의 적들'을 유형화시켜 예를 들고 있다. 하지만 평등을 중시하는 사회주의자와는 달리, 코울이 말한 것처럼 아나키스트들은 생래적으로 자유에 목숨을 건다. 물론 오늘날의 저명한 아나키스트들은 경제적·사회적 불평등과 소수자에 의한 다수자의 경제적 착취 등에 대해 신랄한 비판을 가하고 있다. 그러나 적어도 18~19세기의 고전적 아나키스트들은 평등보다는 자유에 중점을 두었다. 프루동은 이렇게 절규한다.

"자유, 언제나 자유, 오직 자유, 그리고 정부중심주의 반대."

이 시기의 아나키스트인 바쿠닌도 인간이 가지고 있는 이 자유에 대한 제한 혹은 침해는 압제라고 보았다.

"자유를 떠나서는 그 어떤 善도 없고, 자유야말로 진실로 그 이름에 걸맞게 善의 원천이자 동시에 그 절대적 조건이다. 결국 善은 자유 이외의 그 어떤 것도 아니다."

그는 자유는 불가분의 성질을 가지고 있는 것으로 본다.

"(자유의) 일부분에 대한 침해는 자유 전체를 살해하는 것과 같다. 당신이 잘라버린 (자유의) 작은 부분은 나의 자유의 본질 그 자체이고, 나의 자유 전체이다. 그것은 자연스럽고 필연적이며 불가항력적인 운동이다. 잘려나간 그 부분이 어찌 작다고 할 수 있는가? 당신이 잘라버리려고 하는 그 부분에 나의 모든 자유가 집중되어 있다."

그렇다면 바쿠닌이 추구한 자유는 무엇인가? 그 자유는 공동체 의식에 투철한 사회 구성원들이 모두, 예외 없이, 평등하게 누리는 자유다. 따라서 자유는 고립된 것이 아니라 상호적이며 사회적인 것이다. 왜냐하면 "한 사람의 자유는 모든 사람의 자유와 필연적으로 불가분의 관계"를 맺고 있기 때문이다.

그의 표현을 빌면, 자유란 바로 '연대에 의한 자유'이자 '평등 속의 자유'다.

바쿠닌은 개인의 절대자유를 추구하면서도 공동체 구성원 간 연대를 통한 각 개인들이 누리는 자유의 충돌을 방지하고, 그 조화를 도모한다. "루소학파나 여타의 모든 부르주아학파들의 '개인주의적·이기주의적 자유'는 내가 추구하는 자유가 아니다."라며 개인들의 자유가 상충된다는 것을 전제로 한 사회계약론을 배격하였다. 바쿠닌은 사회계약론자들이 전체의 자유라는 미명 아래 개인의 자유를 일부 제한하고, 더 나아가 부정하려는 데서 국가가 출현했다고 보았다.

그리고 바쿠닌의 자유사상에서 특히 '연대에 의한 자유'는 개인의 자유만이 아니라 민족의 자유에도 그대로 적용된다는 점은 주목할 필요가 있다. 이러한 연대적 자유론에 근거하여 그는 평생 슬라브민족해방운동에 참여하였다. 그에게는, "지상의 한 인간이라도 노예상태에 있다는 것은 곧 모든 사람의 자유에 대한 부정"을 의미하였던 것이다.

종교와 국가, 그리고 아나키사상: 사회혁명론

"파괴의 욕구는 곧 창조의 욕구다!"

<독일에서의 반동(The Reaction in Germany, From the Notebooks

of a Frenchman)>(1842.10) 마지막 문단에 쓰인 이 문구는 바쿠닌의 아나키사상을 대변하는 표현으로 회자되고 있다.

그의 욕구는 창조적 파괴이고, 사회혁명이다. 이 가치관에 따라 바쿠닌은 모든 권위를 부정하고, 명령권을 가진 모든 권력에 대한 반역을 주장했다. 그는 인간의 권위와 권력에 대한 불복종의 기원을 창세기 『실락원』에서 찾고 있다. 아름답고 풍요로운 낙원에 살고 있던 인류의 조상에게 내린 신의 명령에 대해 바쿠닌은 "그것은 공포가 가득한 전제군주의 명령이었다."고 평가한다. 만일 아담과 이브가 신의 명령에 따라 계속 그 낙원에 살았다면 어땠을까? 바쿠닌은 말한다.

"만일 그들이 신의 명령에 복종하였다면, 인류는 가장 굴욕적인 노예상태로 살았을 것이다. 그들의 불복종이야 말로 인류를 해방하고 구제한 것이다. 그것은 신화적으로 말한다면, 인간적 자유를 위한 최초의 행위였다."

이 의미에서 "인간의 역사는 자유의 침해에 대한 반역이라는 사고를 통하여 역사를 발전시켜왔다."는 것이 그의 평가다. 신의 금지명령을 거역한 인류의 조상은 '사고하는 능력'과 '반역하는 능력'을 가지고 있었다. "신에 대한 반역은 악마의 행위"라는 주장에 대해서도 그의 입장은 단호하다. "인간은 자유다. 사탄, 그는 '영원한 반역자이자 최초의 자유사상가이며, 세계의 해방자'다."

이처럼 바쿠닌은 모든 권위를 부정하고, 권위를 주장하는 모든 권력에 대한 반역을 주장했다. 그에 따르면, 권력은 그 본질상 필연적으로 자유를 제한하고, 자유의 완전한 부정으로 이끌기 때문이다. 신과 국가가 인간의 자유에 대한 침해의 원천인 이상 반역은 천상(天上)과 지상(地上)의 우상에 대항해야 한다.

이 주장에 대해, 그레이(Alexander Gray)는 다음과 같이 평가한다.

> "신과 신의 관념에 대한 반역과 국가에 대한 반란-결국 무신론과 아나키즘이란 불복종이고, 그것은 바쿠닌에게는 복음의 두 번째 단계라고 볼 수 있다. 하지만 그의 심중에 이 양대 폭군은 하나로 융합되고 있다고 보아야 할 것이다."

바쿠닌의 경우, 무신론과 아나키즘은 "둘이면서 하나고, 하나이면서 둘", 즉 불가분리의 관계에 있다. 혁명가는 무신자여야 하고, 무신자는 혁명가일 수밖에 없다는 것을 바쿠닌은 여실히 증명하고 있다.

바쿠닌은 스스로 위대한 음모가를 꿈꾸었고, 일종의 과도기적 권력으로 비밀리에 일종의 독재 권력을 인정하기를 원했다. 그는 비독재의 독재를 꿈꾼 것이다.

이처럼 바쿠닌은 종교와 국가 등 일체의 권위적인 조직을 부정하고, 국가마저 파괴되어야 한다고 보고 있다. 그는 국가의 완전한 폐지를 원한다. "파괴의 욕구는 곧 창조의 욕구다!"라는 그의 말에서 보듯이 그에게 있어 자유를 쟁취하는 유일한 길은 '창조적 파괴', 즉 혁명이다. 따라서 혁명의 과업은 국가를 변형시키는 것이 아니라 국가를 완전히 소멸시키는 것이다.

그가 꿈꾸는 혁명은 정치혁명이 아니라 사회혁명이다. 하지만 바쿠닌이 지향하는 사회혁명도 결국은 그 바탕에 있는 것은 자유다. 그는 말한다.

"자유란 개개인의 잠재 능력 상태에 따라 나타나는 모든 물질적, 지적, 도덕적 역량의 완전한 발전이다. 이것이 바로 사회혁명이 추구하는 바다."

그렇다면 자유가 파괴를 통해 달성될 수밖에 없다는 논거, 즉 사회혁명은 파괴를 수반하는 이유는 무엇인가? "사회혁명이 대중, 집단, 코뮌, 결사체, 그리고 개인들에게까지 완전한 자유를 부여함으로써, 그리고 모든 폭력의 역사적 원인 일체와 국가의 권력 및 그 존재 자체를 파괴함으로써 종식시켜야 하는 것은 다름 아닌 힘에 의한 조직의 이 낡은 체계"이기 때문이다.

바쿠닌은 "대중, 집단, 코뮌, 결사체, 그리고 개인들에게까지 완전한 자유를 부여"하는 사회혁명을 위해서는 힘, 즉 '파괴'가 불가피하다고 본다. "이제 힘을 분쇄하고 격퇴하기 위해서는 힘이 필요하다"는 그의 말은 '창조적 파괴'의 본질을 잘 드러내고 있다. 바쿠닌은, "사회혁명 및 사회주의는 정치혁명 및 자코뱅주의보다 천배나 더 인간적이며, 결코 잔인하지 않다."고 하면서 사회혁명을 휴머니즘과 연결한다. 또한 그는 사회혁명이 범세계적 혁명 또는 보편적 혁명임을 강조한다.

하지만 그의 이러한 노력에도 불구하고, "파괴의 욕구는 곧 창조의 욕구다."라는 그의 경구와 더불어 "역사상 전진을 향한 모든 발걸음은 '피의 세례'를 거친 후에야 비로소 가능하였다."는 그의 혁명사상은 자유주의와 사회주의 양 진영으로부터 공히 거친 저항과 비판을 받았다.

소유권 사상: 집산주의

바쿠닌은 자유를 위한 사회혁명 사상의 현실적 실현가능한 모델로 집산주의(Collectivism)를 제안한다. 그는, 근본원칙으로 생산수단의 집산화를 선호하고, 이 생산수단이 집산화된 상황을 집산주의라고 불렀다. 그가 제안한 집산주의는 점차 발전된 형태로 전개되었으며, 집산주의적 아나키즘 혹은 아나르코-집산주의 등으로 불린다.

바쿠닌은 일찍부터 경제문제에 주목하고, 국가와 사유재산 제도의 양립가능성에 대해 고민하였다. 그가 주장하는 집산주의의 핵심은 국가와 생산 수단의 사적 소유의 폐지다. 이를 위하여 그는 개인(특히 노동자)의 국가에 대한 반역과 마르크스와 같은 '위로부터'가 아닌 '아래로부터' 개인의 연대를 통한 혁명을 주장한다. 바쿠닌의 집산주의의 핵심 내용을 요약하면, 코뮌주의와 노동조합주의에 바탕을 둔 생산수단의 집산화와 상속권의 폐지다.

먼저, 생산수단의 집산화와 관련하여, 바쿠닌은 코뮌을 정치의 기본단위로 설정하고, 이와 더불어 경제의 기본단위인 노동조합주의를 제안한다. 그는 기본적으로 노동자뿐 아니라 비노동자들의 '순수하고 본능적인' 혁명능력을 믿는다. 이 점은 마르크스의 과학적 사회주의가 위로부터 조직된 노동계급에 의한 혁명을 의도하고 있는 것과는 본질적 차이가 있다. 그는 반란의 본능은 모든 억압받는 대중계급(예: 노동자 계급 외 사회의 가장 어두운 요소들, 원시적 농민, 도시빈민가의 실업자, 방황자, 무법자 등과 같은 인간의 비참한 노예화를 발판으로 삼아 번성하는 이들에게 대항하는 모든 계급)의 공유물로 본다. 그는 그 근거를 러시아지방의 맹목적이고 무자비한 폭동의 오랜 역사, 특히 농민공동체의 특징인 러시아 인민의 오래된 사회적 본능에서 찾았다.

바쿠닌이 노동계급 이외 모든 억압받는 대중계급을 사회혁명세력으로 인정하고 있다는 점은 주목해야 한다. 그에 따르면, 가난한 자들은 이미 진짜 집단적인 생활의 기원을 가지고 있고, 사회혁명은 바로 그 가난한 자들의 생활양식에 의해 이미 결정되어 있다.

따라서 만일 그들이 결속하지 않고 연대하지 않은 상태에서 고립되어 있다면, 국가라는 노예제에 종속된 상태에서 영원히 신음하게 될 것이다. 하지만 그들이 노동조합을 결성하여 결속하기만 하면, 국가와 자본가에 대항하는 막강한 정치적·경제적 힘을 가지게 되어 마침내 그들을 이길 수 있다. 결국 바쿠닌은, 국가와 사유재산의 폐지라는 사회혁명의 이념은 '가난한 자들의 결속과 연대'를 통하여 성취할 수 있다고 본다. 이것은 집산주의의 본질이기도 하다.

다음은, 상속권 폐지에 관한 문제이다. 바쿠닌은 생산 수단의 집산화와 더불어 사유재산 가운데 상속권의 폐지를 주장한다. 상속권이 존속하는 한 계급·지위·자본의 세습에 의한 차별, 즉 사회적 불평등과 권력도 여전히 존속할 것이기 때문이다. 상속권 폐지에 관한 관념은 그가 작성한 <상속문제위원회 보고서(Report of the Commission on the Question of Inheritance>(1869)에 잘 드러나 있다.

"그러나 무엇이 노동에서 소유와 자본을 분리하는가? 무엇이 경제적·정치적·계급의 차이를 구성하는가? 또 무엇이 평등을 파괴하고, 불평등과 소수의 특권, 그리고 다수의 노예상태를 영속시키는가? 그것은 바로 상속의 권리(상속권) 때문이다."

바쿠닌은, "상속권이 모든 경제적·정치적·사회적 특권을 생성하는 방법을 보여줘야 하는가?"라고 반문한다. 계급의 차이가 상속권에 의해 발생하는 것은 너무 분명하기 때문이다. 물론 그도 상속권이 자연적이고, 개인들 사이에 존재할 수 있다는 것을 인정한다. 하지만 상속권이란 개인이 사라지면(죽으면) 자연히 소멸하는 권리다. 이에 반하여 개인이 가문이나 출생, 계급의 차이로 인해 상속권을 부여받고, 그로 인하여 모든 억압받는 대중계급이 노예상태에서 영원히 착취 받는 것이 정당한가? 바쿠닌은 그 원인이 바로 상속권에 있다고 주장한다.

> "상속권이 기능하는 한 우리는 경제적·사회적 및 정치적으로 평등한 세상에 살 수 없다. 그리고 불평등이 존재하는 한 억압과 착취가 있을 것이다."

상속권 폐지에 관한 바쿠닌의 사상은 다분히 이상적이고 현실적으로는 실현가능성이 떨어질지도 모른다. 그러나 바쿠닌은 상속권을 폐지하지 않고서는 자유와 평등 사회를 이룰 수 없다고 보았다.

> "모든 사람-남성과 여성이 동등하게 자유로울 때 나는 오직 진정으로 자유롭다."

이 말대로 그는 평생 아나키스트로 살다 죽었다. 자유를 위해 헌신한 그의 삶에 숙연해지지 않을 수 없다.

11. 크로포트킨: 만물은 서로 돕는다

"모두는 모두를 위한 것이다!"

표트르 알렉세예비치 크로포트킨(Pyotr Alexeyevich Kropotkin; Пётр Алексéевич Кропóткин: 1842.12.9.~1921.2.8)은 러시아 출신의 지리학자이자 아나키스트다. 자유분방하고 활동적인 성격의 미하일 바쿠닌이 아나키즘을 사회혁명 차원에서 실천하는 데 기여한 인물이라면, 온건한 성격과 사고의 소유자인 크로포트킨은 당시 운동 형태로 존재하던 아나키즘에 처음으로 과학적인 토대를 마련하였다.

영국의 버나드 쇼는 크로포트킨을 이렇게 묘사하고 있다.

"개인으로서 크로포트킨은 성자라 할 만큼 훌륭하다. 그의 붉고 탐스런 수염과 사랑스러운 모습은 양치는 모습과 흡사하다."

고등교육을 받은 과학자이기도 한 크로포트킨은 마르크스의 과학적 사회주의에 맞서 근대의 제반 조건에 관하여 세련되고 상세하게 아나키즘의 시각에서 분석하였다. 그는 주도면밀한 분석을 통하여 아나키즘에 입각하여 미래사회에 대한 대안과 해결책을 제시하였는데, 이를 아나코-코뮌주의라 한다.

그의 작업은 당시는 물론 오늘날에도 아나키스트들에 의해 폭넓은 지지를 받고 있다. 이러한 그의 업적을 기려 사람들은 그를 '아나키스트 공(公 Prince)'이라 불렀으나 정작 크로포트킨 본인은 公이라는 칭호를 그다지 달가워하지 않았다.

표트르 크로포트킨

크로포트킨은 여러 권의 탁월한 저작을 통해 당시 주류이론으로 각광받던 사회진화론과 마르크스주의를 비판하였다. 특히 그는 지리학자로서 철저한 고증에 의거한 과학적 학술연구를 통하여 아나키즘의 이론적 토대를 마련하였다. 그 가운데 가장 대표적인 이론이 상호부조론이다. 이 이론에서 그는 다윈의 진화론을 수정하였다.

경쟁은 그에 참여하고 있는 사람들에게 서로 최선의 이익을 가져다주지 않는다고 하면서 그는 개인(집단)이 발전과 진보할 수 있는 최상의 방법은 상호부조라고 주장하였다. 물론 그도 바쿠닌과 마찬가지로 개인이 경제적 계급투쟁을 할 수 있고, 아나키스트가 민중운동, 특히 노동조합에 참여하는 것이 중요하다고 강조하였다. 하지만 프루동의 지역자치연합과 바쿠닌의 집산주의를 계승하여 상호부조주의를 확립함으로써 현실사회에서 아나키즘이 구체적으로 어떻게 작동하고 실현될 수 있는가에 관한 비전을 제시하고 있다.

또 하나 그의 주장에서 눈여겨볼 만한 것이 있다. 크로포트 킨은 노동자들이 그들의 사상을 노동자조직(노동조합)을 통하여 선전하고 학습하여 이를 현실적으로 실천할 것을 주장하였다. 즉, 노동조합이 의회입법을 요구하지 않고 자본권력에 대한 직접적인 투쟁을 하도록 촉구할 것을 요구하였다. 이런 점에 서 본다면, 바쿠닌과 마찬가지로 그도 혁명가로 평생을 인간 의 자유를 위해 투쟁하였다.

크로포트킨은 『한 혁명가의 회상』 러시아어판 머리말에서 "만 약 이 책이 누군가에게 이러한 문제를 푸는 데 조금이라도 도움 이 된다면 이 책은 자신의 목적을 다했다고 할 수 있을 것이다" 라며 본인이 자서전을 쓰게 된 동기와 소망을 밝히고 있다.

"이 사람보다 청렴하고 인류를 사랑한 사람은 없었다."

『한 혁명가의 회상』 서문에서 게오르크 브란데스가 크로포 트킨에 대해 평가한 말처럼 그는 평생 남에게 희생을 강요하 지 않았으며, 스스로 남을 위해 희생하며 살았다.

청년에게 고함

『청년에게 고함』에서 크로포트킨은 "오늘 나는 청년에게 말 을 건네려고 합니다."라며 혁명가답지 않은 부드러운 문장으 로 대화를 시작한다. 그리고는 "여러분에게 놓인 첫 질문은 나는 무엇이 될 것인가 입니다."라고 말하면서 청년들에게 간곡히 부탁한다.

> "젊은이라면 마땅히 그렇게 여러 해 동안 직업 훈련을 하거나 학문을 공부한 것(사회가 그 비용을 지불했음을 잊어서는 안 됩니다.)이 착취의 도구가 되려 함이 아님을 알아야 합니다. 그렇기에 그동안 쌓아올린 지성이나 능력과 학식을 활용하여 오늘날 비참과 무지의 나락에 떨어져 신음하는 사람들을 도울 날을 꿈꾸지 않는다면, 그것은 악덕으로 타락한 탓이라고 말하지 않을 수 없습니다.
> 여러분은 그러한 꿈을 갖고 있습니까? 그렇다면, 이제 그 꿈을 실현하려 무엇을 할지 물어야 할 것입니다."

표트르 크로포트킨,
『청년에게 고함』표지

그의 이 말은 오늘날 현실이 처한 상황에 대해 절망하고 있는 이 땅의 청년들에게, 그리고 "마음과 정신이 이미 늙어 버린 나이든 분"이 되어버린 우리들에게 묻는다. "우리는 어떤 꿈을 갖고 있습니까? 그 꿈을 실현하려면 무엇을 해야 할까요?"

크로포트킨은 "역사적으로 국가는 하나의 계급을 위하여 토지의 사유권을 확립하고, 그 독점적인 권한을 유지시킴으로써 발달해 왔다."고 주장한다. 이 과정에서 지주계급이 지배계급으로 군림하게 되었고, 노동자는 지주계급에 의해 끊임없이 억압받고 수탈당하는 노예로 살아가고 있는 것이다. "젊은이라면 마땅히 그렇게 여러 해 동안 직업 훈련을 하거나 학문을 공부한 것(사회가 그 비용을 지불했음을 잊어서는 안 됩니다)이 착취의 도구가 되려 함이 아님을 알아야 합니다."는 그의 말에서 우리는 몇 가지 중요한 내용을 도출할 수 있다.

첫째, 청년들이 오랫동안 직업 훈련을 하고 공부를 하는 것이 지배계급에 의해 착취의 도구가 되려한 것이 아니라는 그의 지적이다. 크로포트킨이 생존한 19세기 유럽 사회는 산업혁명의 결과 산업 및 금융권력은 물론 정치권력까지 산업자본가의 수중에 떨어져 노동자들은 도시빈민으로 전락한 상태였다. 산업자본가들은 개인을 오직 착취의 도구로 보고 그들의 경제적·정치적 욕구 충족을 위한 수단으로 간주하였다. 이에 대해 크로포트킨은 청년들에게 자신들이 직업 훈련을 하고 학문을 공부하는 데 도움을 준 것은 산업자본가가 아니라 "사회가 그 비용을 지불했다."는 점을 상기시키고 있다.

둘째, 크로포트킨은 청년들에게 "쌓아올린 지성이나 능력과 학식을 활용하여 오늘날 비참과 무지의 나락에 떨어져 신음하는 사람들을 도울 날을 꿈꾸라."고 호소한다. 만일 그렇게 하지 않는다면, "그것은 악덕으로 타락한 것"이라며 청년들을 강하게 질책한다.

물론 크로포트킨이 활동하던 당시와 오늘날의 청년들이 맞고 있는 정치·사회·경제적 현실 상황은 많은 면에서 다르다. 지금 우리나라의 청년들은 치솟는 물가와 등록금, 그리고 취업난과 집 값 등으로 연애, 결혼, 출산 이 세 가지를 포기한 삼포세대(三抛世代)니 이에 인간관계와 내집 마련 포기 두 가지를 더하여 오포세대(五抛世代)로 불리면서 자신을 돌볼 여유가 없는 상황에 놓여있다. 하지만 청년들이 이러한 현실에 굴복하여 좌절하고 만다면 자신과 가족은 물론 그 사회의 미래는 암담할 수밖에 없다. 그래서 크로포트킨은 청년들이 살아가야 할 국가는 어떤 모습이어야 할 것인가 묻는다.

국가론

청년들이 그들의 지성과 능력, 그리고 학식을 이용하여 사회적 약자와 소수자를 도울 수 있기 위해서는 우리는 어떤 국가를 꿈꾸어야 하는가? 이에 대해 크로포트킨은 무엇보다 거대자본과 세금, 그리고 값싼 노동력을 착취하는 지배계급이 가지고 있는 특권을 없애라고 요구한다. 이 특권을 배제하기 위하여, 국가 그 자체와 통치기구를 개혁하고, 그 기능에 알맞은 새로운 기구를 설치해야 한다.

국가에 의해 발생하고 강화되어 온 특권이 소멸하면, 국가도 자연히 그 존재이유를 잃게 된다. 크로포트킨은 <국가-역사에서 국가의 역할>에서 사회주의자들의 입장을 빌어 아예 국가의 개조가 아니라 폐지를 주장한다.

"국가는 현대적인 국가체제 혹은 우리가 사용할 수 있는 어떤 다른 국가체제뿐만 아니라 국가의 본질 자체가 사회혁명에 장애가 된다고 생각하는 사람들이 있다. 즉 국가는 자유와 평등에 근거한 사회 발전을 방해하는 가장 심각한 장애물이라는 것이다. 그 이유는 이러한 발전을 방해하기 위해 만들어진 역사적 형식들 중에서 대표적인 것이 바로 국가이기 때문이다. 따라서 이러한 입장을 갖는 사람들은 국가의 개조 대신 국가의 완전한 폐지를 추구한다."

국가를 폐지하고 그가 건설하고자 하는 사회는 어떤 모습인가? 그는 국가와 그 낡은 조직을 폐지하고, 코뮌(농촌공동체)과 자유노동조합 등의 사회 단위로부터 출발하여 새로운 연합형식을 창조할 것을 주장한다. 이 때 '새로운 연합'이란 "코뮌·자유노동조합과 병립하여 개인적 관계로 형성되는 집단"을 말한다. 이 연합은 코뮌과 코뮌, 노동조합과 노동조합, 또는 코뮌과 노동조합이 다양한 목적을 충족시킬 필요에서 '무한히, 다양하게, 그리고 일시적 또는 장기적으로' 결합되고 존속하면서 끊임없이 변용되고 추가된다. '새로운 연합'은 이러한 집합체로 이뤄진 결사, 곧 '자유연합'을 말한다.

그가 말하는 연합의 개념은 모호하고 분명하지 않다. 하지만 이 개념을 이해하는 데 있어 두 가지 사항에 대한 이해는 중요하다.

첫째, 그는 절대자유주의 정신에 따라 코뮌을 사회의 기본 세포로 간주한다. 같은 코뮌에 소속되어 있는 사람들은 서로 가깝고 서로 잘 알고 있다. 이는 사회적 단위 내부에서나 혹은 위계적 신분 구조에서나 민주적 관계가 형성될 수 있도록 해주며, 자율성에 근거한 사회정치적 분위기 속에서 시민들이 자유롭게 스스로를 조직화할 수 있도록 해준다.

둘째, 그는 "개인적인, 그리고 집단적인 주도권에 기초한 수천의 중심"을 가지는 사회체제를 염두에 두고 있다. 즉, 그는, '국가 안의 국가=자유연합'을 상정함으로써 '국가=신민'이라는 지배와 종속이라는 연결고리를 파괴하고자 의도하고 있다. 그의 이런 생각은 다음의 글에서 잘 드러난다.

> "국가는 필수적으로 그러한 도시에서 모든 내적 관계를 파괴하고, 도시 자체를 파괴하며, 도시들 사이의 모든 관계를 파괴해야 했다. 연방의 원리 대신 국가는 복종과 규율을 수립해야 했다. 이것이 국가의 가장 기본적인 원리다. 이것이 없다면 국가는 국가이기를 중단하고 연방으로 변화된다."

기본적으로 크로포트킨은 권한과 권력이 집중된 국가 중심의 사회체제를 인정하지 않는다. 코뮌과 노동조합이 서로 결합되고 분화됨으로써 서로 병렬적이고 수평적인 관계에서 수없이 파생되는 자유로운 개인과 그 집단을 통해 정치적·경제적 힘의 집중을 분산시키고자 한다. 그는 이러한 사회형태, 즉 자유연합을 건설하고자 한다. 이러한 관점에서 보면, 크로포트킨 스스로 자신의 이론을 규정한 바와 같이, "자유연합은 아나키즘적 공산주의의 실현 형태"라고 할 수 있다.

공산주의를 혐오한 바쿠닌과 달리 크로포트킨은 집산주의를 공산주의에 이르는 전단계로 본다. 집산단계에서 소유는 코뮌의 소유라는 형태로 남아 있지만, 한층 단계가 발전하면 소유 그 자체가 소멸되어 공산주의에 이른다는 것이다. 따라서 그는 사회로부터 유리되거나 오로지 그 내부를 지향하는 공동체와 반사회적인 양상을 띤 공동체를 배격한다. 모든 인위적인 공동체는 고립될 수밖에 없고, 곧 쇠퇴할 수밖에 없다는 것이 그의 생각이다.

이처럼 자유연합 건설이라는 아나키즘적 공산주의를 실현하기 위해 그는 국가의 폐지라는 사회혁명을 요구한다. 그는 단호하게 말한다. "우리가 자유롭고 반국가적인 토대 위에 사회를 재건할 수 없다면, 그것은 죽음이다."

하지만 이마저도 그는 인민들에게 자발적 선택을 맡긴다. 결국 국가폐지를 통한 사회혁명을 달성할 것인가에 대한 최종적인 선택은 인민의 손에 달려 있는 것이다. 그는 인민들에게 호소한다.

　"둘 중의 하나. 국가는 폐지되어야 하고, 그러한 경우에 정력적인, 개인적인, 그리고 집단적인 주도권에 기초한 수천의 중심에서 새로운 삶이 시작될 것이다. 혹은 국가는 개인과 지방적 삶을 압살할 것이다. 국가는 인간 활동의 모든 영역을 지배하고, 권력 장악을 위한 전쟁과 내적인 투쟁을 수행하고, 폭군들을 교체하기만 하는 피상적 혁명을 일으킬 것이다. 그리고 피할 수 없는 끝, 죽음이 온다! 스스로 선택하라!"

상호부조론

　19세 후반에서 20세기 초 당시 유럽의 지성사회에서는 다윈(Charles Robert Darwin, 1809~1882)의 『종의 기원에 대하여(On the Origin of Species』(이하,『종의 기원』)가 큰 반향을 불러일으키고 있었다. 그는 생존경쟁이야말로 거친 자연환경에서 생물 종을 살아남게 하는(즉, 적자생존) 핵심 원리이며, 그 종은 자연선택과 분화를 거쳐 진화한다고 주장하였다. 그의 생물진화론을 보완하여 헉슬리(Thomas Henry Huxley, 1825~1895)는 <생존경쟁과 그것이 인류에 미치는 영향>이란 논문을 발표하고, 생존경쟁은 인간진화의 산물이라고 주장하였다.

　다윈에 의해 주장된 생물진화의 근거로 제시된 생존경쟁과 적자생존이라는 관념은 당시 급속하게 부를 축적하고 있던 산업자본가들의 욕구를 충족시키고, 또 이를 정당화하는 논거로 활용되었다. 또한 이 관념은 생물계뿐 아니라 인간사회도 적자생존법칙에 의해 진화하고 진보한다는 식으로 전개되었다. 따라서 인간을 사회에서 자유롭게 생존경쟁하게 하면, 가장 적자만 살아남게 되어 결국 그들에 의해 사회는 진보·발전한다고 보았다.

**표트르 크로포트킨,
『만물은 서로 돕는다』 표지**

생물진화론자들의 이러한 주장에 대해 크로포트킨은 "만일 낯선 종에게도 먹이를 베푸는 행위가 모든 자연계에 걸쳐 일반적 법칙으로까지 받아들여지는 것이 사실이라면 많은 수수께끼가 풀릴 것이다."라는 괴테(Johann Wolfgang von Goethe)의 말을 인용하고 있다. 『상호부조론』 제1판의 서문에서 "나는 자연법칙이자 진화의 요인으로서 상호부조를 다루는 책이 나오면 중요한 간극을 메울 수 있으리라고 생각했다."며 이 책을 쓰게 된 동기를 밝히고 있다.

"상호부조는 인류의 본능이다!"

이 말에서 보듯이 크로포트킨은 자연법칙이자 진화의 요인은 생존경쟁이 아니라 상호부조라고 본다. 그래서 그는, 먼저, "상호부조가 동물들 사이에서는 중요한 역할을 하지만 인간의 경우에는 그렇지 않다."는 스펜서(Herbert Spencer)의 주장을 비판한다. "원시인간사회에서는 만인에 맞선 개개인의 투쟁이 곧 삶의 법칙"(만인 대 만인의 투쟁)이라는 그의 주장은 홉스(Thomas Hobbes) 이래 충분한 비판 없이 반복되고 있다는 것이 크로포트킨의 생각이다.

또한 크로포트킨은, 근대사회의 기반인 "각자는 자신을 위해, 국가는 모두를 위해"라는 원리는 실제로 성공한 적도 없으며, 앞으로도 그럴 것이라고 확신한다. 따라서 그는, "야만 혹은 반(半) 야만 집단의 창조적인 천재성에 의해 발전된 상호부조제도의 수와 중요성은 인류 최초의 씨족시기 동안, 그리고 뒤이은 촌락공동체시기 동안 더더욱 증진되었다."고 결론 내린다. 요컨대, 동물계뿐 아니라 인류에게 있어서도 생존본능보다 상호부조의 본능이 사회발전과 진화의 근간이라는 게 그의 결론이다.

이처럼 크로포트킨은 "상호부조는 인류의 본능"이라는 결론을 입증하기 위하여 개별 주제에 대한 철저한 고증과 현지조사, 그리고 관찰을 통하여 과학자로서의 그의 지식을 유감없이 발휘한다. 그는, 크게 동물의 상호부조, 야만인의 상호부조, 미개인의 상호부조, 중세 도시의 상호부조 및 근대인의 상호부조의 다섯 부분으로 나누어 분석하고 있다.

이 책에서 크로포트킨은 다섯 번째 꼭지에서 다루는 '근대인의 상호부조'가 필요하다는 결론을 이끌어 내기 위해 가장 먼저 동물의 상호부조를 그 예로 든다. 이 주제를 설명하기에 앞서 크로포트킨은 먼저 다윈과 그 추종자들의 생존경쟁과 적자생존법칙을 비판한다. 그리고는 페테르부르크대학의 학장이었던 케슬러(Kessler) 교수가 1880년 1월 러시아박물학자대회에서 행한 강연을 예로 들며 자신의 상호부조론이 그의 생각을 빌려온 것임을 밝힌다. 그 강연에서 케슬러는 다음과 같이 결론을 내린다.

> "나는 분명 생존경쟁을 부정하지는 않는다. 그러나 동물계 특히 인간이 점진적으로 발전하는 데는 상호경쟁보다는 상호지원의 혜택을 훨씬 더 많이 받았다고 주장한다. … 나는 유기적 세계가 진화하는 데-즉 유기체의 점진적 변화에 있어서-개체들 사이에 상호지원이야말로 상호투쟁보다 훨씬 더 중요한 역할을 한다고 생각하고 있다."

물론 크로포트킨도 다윈이 주장하는 "유기체적인 자연을 통해 속행되었던 생존경쟁이라는 관념은 우리 시대의 최대의 통칙"이라는 점을 전적으로 부인하는 것은 아니다. 하지만 그는 이렇게 반문한다. "생존경쟁을 통한 적자생존을 위한 투쟁은 주로 어떤 무기로 수행되는가? 또 이러한 투쟁에서 누가 최적

자인가?" 이 질문에 대한 해답은 두 가지 다른 양상으로 나타나는 투쟁에서 어느 쪽에 중요성이 주어지느냐에 따라 상당히 달라진다며 "경쟁은 동물에서도 인간에서도 철칙이 될 수 없다"고 단언한다. 그러면서 아래와 같이 주장한다.

> "경쟁하지 말라! 경쟁은 항상 그 종에 치명적이고, 경쟁을 피할 수 있는 방법은 매우 많다! ... 그러므로 결합해서 상호부조를 실천하라! 이것이야말로 각자 그리고 모두가 최대한 안전을 확보하고 육체적으로, 지적으로 그리고 도덕적으로 살아가고 진보하는 데 가장 든든하게 받쳐 주는 가장 확실한 수단이다!"

그리고 크로포트킨은 야만인과 미개인, 그리고 중세 도시의 상호부조에 대해 지리학적 조사와 근거를 그 구체적 예로 들어 분석하고, 마지막으로 근대인의 상호부조의 필요성을 역설한다. 즉, 중세 도시의 실패로 등장한 국가가 시민들의 자유를 말살해버렸지만, 상호부조원리는 근대인의 미덕이라는 것을 강조한다. 크로포트킨은, "이제 그 모습은 국가나 중세 도시, 미개인들의 촌락공동체나 미개인들의 씨족사회는 아니다."며, 상호부조와 상호지원의 미래를 근대인에게서 찾고 있다.

"칼, 화형, 고문의 힘을 빌려서 인민 대중을 상대로 최초의 결정적 승리"를 확보한 신생 근대국가들은 상호부조의 경향이 드러난 제도들을 체계적으로 제거하기 시작한다. 그 결과, 촌락공동체는 민회나 법정, 그리고 자치 경영권을 빼앗겼고, 토지는 몰수되었다. 길드는 자신들의 소유물과 자유를 강탈당했다. 도시들은 주권을 빼앗겼고, 민회, 선출된 판사와 관리, 독립적인 교구와 길드와 같은 도시 내부의 삶의 원천은 모두 제거되었다. 상호부조가 작동하던 모든 제도를 국가공권력이 장악해버린 것이다.

국가 내에 어떠한 국가도 있을 수 없다! 국가만이, 그리고 국가의 교회가 모든 관심사를 다루어야 하고, 국민들은 느슨한 개인들의 집단을 대표할 수 있을 뿐이었다. 그러한 집단은 어떠한 특정한 동맹과도 제휴할 수 없고, 또 정부의 요구가 있을 때마다 협력할 의무가 있었다. 크로포트킨은 "19세기 중엽까지 이것이 유럽의 이론이자 실제였다."고 하면서 노동조합 활동을 예로 들어, "유럽 대륙에서는 20년 전까지 불법으로 취급되었다."고 쓰고 있다. 실제로 유럽 국가들은 노동조합과 촌락공동체를 파괴하고, 상인단체는 물론 농민과 노동자단체를 감시하고, 그 활동을 처벌하였다.

크로포트킨은, "현재의 사회체제하에서 같은 동네나 이웃에 거주하는 사람들 사이의 온갖 유대 관계는 무력해지고 있다."고 탄식한다. 하지만 "근대인들의 공적인 삶에서 사적인 삶으로 옮아가보면 상호부조와 상호지원이라는 지극히 넓은 또 하나의 세계를 발견하게 된다."고 하면서 유기체적 연대와 협력의 가능성과 희망을 제시한다.

"중앙집권국가의 파괴적인 권력도, 고상한 철학자나 사
회학자들이 과학의 속성으로 치장해서 만들어낸 상호증오
와 무자비한 투쟁이라는 학설도 인간의 지성과 감성에 깊
이 박혀 있는 연대의식을 제거할 수는 없다."

그러면서 그는 거대담론이 아니라 일상의 삶에서, 또 그 삶
을 살아가는 시민들의 본원적인 연대에 대한 욕구에서 인류
사회는 진화하고 진보할 수 있다고 믿는다.

"최근에 작게는 가족이나 빈민가에 사는 이웃들, 그리
고 촌락이나 노동자 비밀 결사 형태로 숨어들었던 상호지
지와 지원에 대한 욕구는 근대사회에서도 다시금 거듭 주
장되었고, 늘 그래왔던 것처럼 미래의 진보에 주도적인
위치를 차지하면서 그 권리를 주장하고 있다."

크로포트킨은 『상호부조론』을 통하여 그 이전 아나키스트
들의 사상을 이론적 및 실천적으로 완결시키는 작업을 수행하
였다. 그의 작업을 통하여 윌리엄 고드윈, 막스 슈티르너, 조제
프 프루동 및 미하일 바쿠닌의 아나키즘은 현실에서 강한 생
명력을 얻을 수 있었다.

또한 그의 사상은 20세기부터 오늘날에 이르기까지 북친 (Murray Bookchin)을 비롯한 많은 사상가들은 물론 대안사회를 모색하는 시민운동가와 단체들에게도 지대한 영향을 미쳤다. 특히 20세기 후반부터 활발하게 전개되고 있는 신자유주의 반대 운동과 함께 생태주의, 대안교육 및 대안공동체 등의 이론적 근거로 아나키즘이 새롭게 주목받고 있는 것도 크로포트킨의 상호부조론 덕분이라고 할 수 있다.

"상호투쟁보다 상호부조가 훨씬 더 이익이다."

서로 간의 경쟁과 경제적 효율이 만능이라고 여겨지는 오늘날의 사회경제제도에서 크로포트킨의 이 말은 우리의 가슴을 울린다.

파리코뮌

12. 파리코뮌의 역사적 배경과 전개

코뮌(commune)은 프랑스의 시, 읍, 면 등 최소행정자치단체
(혹은 최소행정구)를 말하는 것으로 파리코뮌(Commune de Paris(불);
Paris Commune(영))이라 함은, 파리의 최소행정구를 일컫는 말이
다. 그러나 일반적으로 파리코뮌이라 함은, 1871년에 일어난
역사적 사건으로, 1871년 3월 18일부터 5월 28일까지 72일 동
안 파리민중들의 봉기에 의해 수립된 혁명자치정부를 일컫는
다. 파리코뮌 이후 파리는 '유럽의 심장', '혁명의 메카'가 되
었다.

1871년 당시 파리에는 프로이센에게 포위되어 있던 겨울
동안 프랑스 정부가 국민군(파리시민군)에게 나누어 주었던 대
포가 도처에 설치되어 있었다. 그 대포가 시민들의 수중에 들
어가는 것을 두려워한 티에르 임시정부는 이를 되찾기 위해
정부군을 파견한다. 3월 13일 파리민중들은 파리코뮌을 만들
어 정부에 저항하였다. 파리 시민들의 저항에 밀린 티에르는
베르사유에 군대를 집결하고 파리 탈환을 위한 총공세를 준비
하였다.

3월 17일부터 18일 밤까지 외무부에서는 파리의 국민군에
대한 기습작전을 협의하기 위한 각료회의가 열렸다. 작전 제1
단계는 파리국민군이 장악하고 있는 뷔트 몽마르트, 벨빌고지,
뷔트 쇼몽, 탕플 교외, 바스티유광장, 뤽상부르 공원 등 주요

지역을 장악하는 것이었다. 또한 저항하는 국민군 병사는 사살하라는 명령이 내려졌다. 정부군의 치밀한 작전에 따른 진압계획을 전혀 눈치 채지 못한 파리코뮌 지도부는 거의 무방비 상태에 있었다. 3월 18일 새벽 여명과 함께 파리코뮌의 서막이 열렸다.

3월 18일 새벽 기습계획에 따라 티에르는 국민군이 보유하고 있는 대포를 탈취하기 위해 분견대를 파견했다. 작전은 성공한 듯이 보였다. 하지만 탈취한 대포를 끌고 갈 말(馬)을 미처 준비하지 못한 정부군은 손으로 대포를 끌고 있었다. 이 모습을 목격한 어느 국민군 초병의 제보로 상황은 급변한다. 몽마르트언덕은 군중으로 가득 찼고, 무장한 국민군 병사들도 몰려왔다. 군중에 에워싸인 정부군 여단장 르콩트 장군은 병사들에게 발포 명령을 내렸으나 병사들은 총구를 아래로 내리고 명령을 따르지 않았다. 오히려 병사들은 군중 속으로 흩어져 환호하고, 르콩트 장군은 포로가 된다.

이 사건을 계기로 파리코뮌정부가 실권을 장악하였다. 파리에는 '코뮌만세!'의 함성이 거세게 울려 퍼지고 있었다. 마침내 파리코뮌혁명의 불길이 타올랐다. 코뮌에 참가한 루이즈 미셸(Louise Michel)은 3월 18일 당시의 코뮌을 다음과 같이 회상한다.

"베르사유의 정부군 병사들이 대포를 장악하려 한다는 것을 알게 된 몽마르트의 시민들은 놀라운 기동력을 발휘하여 언덕에 몰려들었다. 언덕에 오른 사람들은 자신이 죽을 것이라고 확신하고 있었지만, 희생될 각오를 하고 있었다. 병사들은 야유를 퍼 붓는 군중에게 발포하는 것을 거부하고 총구를 상관에게 돌렸다. 3월 18일의 일이었다. 코뮌은 이렇게 시작되었다. 사람들이 들치고 일어났다. 3월 18일은 왕당파와 외국인 또는 민중이 하나가 되었다. 그 날은 오로지 민중의 날이었다."

3월 26일 코뮌 평의원 선거가 파리시 전체에서 실시되어 코뮌평의회(Conseil de la Commune; Conseil général de la Commune)가 구성되었다. 평의원은 구마다 2만 명에 한 사람, 만 명을 넘는 끝수마다 한 사람 꼴로 하여 연기(連記)식 투표로 선출되었다. 20세 이상의 성년 남자 48만 5,566명의 유권자 가운데 22만 5천 명의 시민이 투표에 참가했다. 이 선거로 90명의 당선자 가운데 중복 당선자를 제외한 84명의 평의원이 선출되었다.

코뮌평의회는 자코뱅파와 공화파가 다수를 차지했고, 사회주의자는 소수였다. 또한 사회주의자 가운데 다수는 권위주의적 사회주의자인 블랑키주의자와 아나키스트 프루동주의자들이었다. 코뮌평의회는 파리의 자치를 선언하고, 프랑스를 코뮌, 즉 지역사회의 연합(혹은 연방)으로 재탄생시키려고 했다. 코뮌의 내부에서 선출된 평의원은 소환(리콜)될 수 있었으며, 보수는 노동자의 평균 임금과 동일했다. 또한 평의원들에게는

코뮌군과 코뮈나르들이 쳐놓은 바리게이트

자신을 선출한 시민에게 자신의 활동과 정책에 대해 보고할 의무가 있고, 이를 실행하지 않는 자는 파면되게 되어 있었다.

3월 28일 파리 시청 앞 광장에서는 파리코뮌의 성립을 선언하는 의식이 행해졌다. 국민군 중앙위원회의 평의원으로 선출된 랑비에가, "민중의 이름으로 코뮌이 선언되었습니다."라며 역사상 '인민의 정부'로 불리는 파리코뮌의 성립을 공식적으로 선언했다. 이튿날인 3월 29일 열린 제1회 평의회는 산하에 집행위원회를 비롯하여 재무, 군사, 사법, 보안, 식량 공급, 노동·공업·교환, 외무, 공공사업, 교육의 열 개 위원회를 구성했다. 이리하여 파리코뮌은 자치정부로서 역할을 수행하기 시작했다.

하지만 파리 시내의 들뜬 분위기와는 달리 베르사유에 주둔하고 있던 정부군은 파리코뮌을 진압하기 위한 준비를 착실히 진행하고 있었다. 4월 2일 티에르는 파리의 서북부를 전격적으로 공격하였다. 티에르는 파리코뮌이 항복하길 기대했으나 그의 기대와는 달리 코뮌의 저항은 완강하였다. 4월 19일 혁명정부는 <프랑스 민중에게 보내는 파리코뮌 선언>(이하, '코뮌선언')을 발표한다.

코뮌선언은 "우리에게는 싸워서 승리를 거둘 의무가 있다."는 말로 끝난다. 하지만 이 선언의 내용과는 달리 혁명정부가 넘어서야 할 현실의 장벽은 두텁고 높았다. 5월 21일 티에르는 파리에 대한 총공격을 감행했다. 22일 새벽 정부군 7만 명이 파리에 진입했고, 서쪽에서 동쪽으로 파리 시가지를 차례로 점령했다. 코뮌의 진압 과정은 잔혹했다. 정부군은 몽마르트 시가전에서 여성과 어린이들마저 잔인하게 학살했다.

피는 피를, 보복은 보복을 부른다. 잔혹한 것은 정부군만이 아니었다. 코뮌군도 정부군 못지않게 잔혹했다. 그들은 저항에 방해되는 모든 건물을 불태웠다. 24일 파리는 불바다가 되었다. 그들은 후퇴하면서 교도소를 습격해 인질들을 잔인하게 학살했다. 파리 대주교도 이때 살해되었다.

코뮌군이 파리 동쪽까지 후퇴하자 프로이센군이 그들의 도망을 막기 위해 동쪽 외곽 지역에 1만 명의 군인을 주둔시켰다. 도망갈 길이 막혀 버린 코뮌군과 코뮈나르(Les Communards;

코뮌 참가자)들은 최후까지 저항하였다.

Plutôt mourir debout que de vivre à genoux.
무릎 꿇고 살기보다는 서서 죽기를!

Vivre libre ou mourir!
자유로운 삶, 아니면 죽음을!

파리코뮌의 구호에 따라 코뮌군과 코뮈나르는 죽음을 각오하고 자유를 위해 싸웠다. 27일 가장 처참한 전투가 있었고, 28일 코뮌은 진압되었다. 코뮌의 최후의 희생자들이 숨진 '혁명 투사의 벽(le Mur des fédérés)'은 지금까지 남아 그날의 기억을 생생하게 전하고 있다.

정부군과 코뮌군 사이에 가장 격렬한 총격전이 개시된 5월 21일부터 28일까지를 특히 '피의 일주일' 혹은 '피의 주간(la Semaine sanglante)'이라 부른다. 이 일주일 동안 2만에서 2만 5천 명에 이르는 사람들이 처형되고 4만 명이 투옥되었다.

5월 28일 코뮌군이 진압되어 사실상 전투는 끝났다. 그 날 저녁 베르사유 정부군 사령관 마크-마옹(Mac-Mahon)은 파리 시민에게 다음과 같이 선언했다.

"파리의 주민 여러분, 프랑스의 군대는 여러분을 구하

러 왔다. 파리는 해방되었다. … 오늘, 싸움은 끝났다. 질
서, 노동, 안전이 회복될 것이다."

그 이튿날인 29일 코뮌의 마지막 보루 뱅센요새에 남아있던
코뮌군이 항복함으로써 파리코뮌의 혁명정부는 그 역사적 종
말을 고하고 말았다. 마크-마옹의 선언대로 파리에는 질서, 노
동, 안전이 회복되고, 피의 보복은 끝났을까? 오히려 그와는
반대로 티에르정부는 법과 정의라는 이름 아래 파리 도시 전
역에서 백색테러를 감행했다. 이제 남은 것은 코뮈나르에 대
한 처참한 집단처형과 유형뿐이었다. 파리시민들은 "공화국
만세, 코뮌만세!"를 외치며 총구 앞에서 무참히 쓰러져갔다.
이 당시의 광기에 대해 <파리 주르날(Paris Journal)>의 논설은
이렇게 호소하고 있다.

"죽이는 일은 이제 그만두자. 살인범이나 방화범이라 해
도 더 이상 죽여서는 안 된다. 우리는 놈들의 사면을 구걸
하는 것이 아니다. 형의 집행을 유예하자고 하는 것이다."

파리코뮌 72일 동안 살해된 시민은 약 3만 명으로 추정되며,
약 10만 명이 체포되었다. 그 중 베르사유법정에 끌려 나온 시
민이 약 4만 명이다. 1875년 1월 1일 베르사유법원은 총 13,450
명을 재판한 결과 270명이 사형, 410명이 강제노동, 3,989명이

요새 금고, 3,507명이 유형 등의 선고를 받았다([표 1] 참고).

[표 1] 베르사유법원의 코뮈나르에 대한 재판 결과

사형	270명(여성 8명 포함)
강제노동	410명(여성 29명 포함)
요새 금고	3,989명(여성 20명 포함)
유형	3,507명(여성 16명/아동 1명 포함)
구금	1,269명(여성 8명 포함)
징역	64명(여성 10명 포함)
공공사업	29명
3개월 미만 금고	432명
3개월 이상 1년 미만 금고	1,622명(여성 50명/아동 1명 포함)
1년 이상 금고	1,344명(여성 15명/아동 4명 포함)
추방	322명
고등경찰의 보호감찰	117명(여성 1명 포함)
벌금	9명
16세 미만 청소년의 소년원 구금	56명
합계	13,450명

출전: Prosper-Olivier LISSAGARAY, Histoire de la Commune de 1871 (1896.5)

하지만 [표 1]의 통계는 베르사유법원의 관할 아래 있지 않던 전쟁평의회(Conseils de guerre)와 고등법원에 의한 처벌 결과는 제외된 것이다. 이 통계에는, 사형 15명, 강제노동 22명, 요새 금고 28명, 유형 29명, 구금 74명, 징역 13명, 금고 불특정 다수 등이 포함되어야 한다. 따라서 파리와 지방에서 처벌된 사람들의 수는 적어도 총 13,700명을 넘는다.

파리코뮌의 붕괴는 프랑스의 정치와 사회에 지각변동을 가져왔다. 특히 사회주의운동, 즉 제1인터내셔널 가입을 금지하는 '뒤포르 법'이 제정되어 시민들의 정치 자유는 제한되었다. 그 여파로 국제사회주의자는 물론 아나키즘운동도 직격탄을 맞아 대부분의 아나키스트는 유럽의 다른 국가로 망명하였다.

하지만 파리코뮌이 프랑스 사회에 가져온 긍정적 측면도 적지 않았다. 왕당파나 제정파의 군주제 부활 음모에 큰 타격을 주었고, 프랑스 제3공화제 확립에 지대한 공헌을 했다. 민주주의적 공화주의자들의 끈질긴 노력으로 1880년 코뮈나르에 대한 전면적 대사면이 실시되었다. 이로써 프랑스의 노동운동과 사회주의운동은 새로운 부활의 전기를 맞게 되었다.

13. 파리코뮌에 의해 취해진 조치와 성과

1871년 3월 29일 제1회 코뮌평의회가 구성한 열 개의 위원회는 대등한 지위를 가지고 있었다. 그러나 4월 21일, 코뮌평의회는 집행위원회의 위원을 '대표(délégué)'로 임명하여 다른 아홉 개 위원회의 업무를 지도하기로 결정했다. 그 결과, 구스타브 클뤼즈레(군사; 5월 1일 루이 로셀, 5월 10일 다시 샤를 들레클뤼즈에 의해 대체), 외젠 프로토(사법), 오귀스트 비아르(식량공급), 에두아르 바이앙(교육), 라울 리고(일반안전; 4월 24일 프레데릭 쿠르네, 5월 13일 다시 테오필 페레에 의해 대체), 레오 프랑켈(노동·산업·무역), 쥘 안드리유(공공사업)가 대표로 선출되었다.

이 결정으로 집행위원회의 권한이 강화되었으나 반대로 '혁명독재'를 위한 기반이 마련되는 계기가 되었다. 5월 1일에는 공안위원회(le Comité de Salut public; Committee of Public Safety)가 설립되어 코뮌평의회 산하 위원회의 기능을 잠식하였다. 또 더러는 공안위원회와 다른 위원회의 권한 행사의 범위가 서로 혼동되어 갈등이 야기되었다.

코뮌평의회는 5월 20일까지 존속하였다. 이때까지 입법을 포함한 다수의 조치가 채택되어 72일 동안 시행되었다. 하지만 프랑스 정부의 입장에서 평의회는 적법한 권한을 가진 정부기관이 아니었으므로 파리코뮌이 진압되자마자 그 모든 조치는 폐지할 필요도 없이 사라져버렸다. 코뮌평의회가 채택한 일부 조치가 제5공화국에 의해 다시 채택·시행된 것은 한참의 세월이 지나서였다.

비록 72일이라는 짧은 기간 동안 존속했지만 파리코뮌은 새로운 유형의 정치체제를 제시했다. 또한 코뮌은 프랑스는 물론 유럽, 나아가 세계 각국의 시민, 정치가와 사상가들에게 개인자치와 통치에 기반한 민주주의의 이념과 작동원리에 대한 수많은 영감을 불러일으켰다. 파리코뮌이 성취한 많은 업적 가운데 주요한 몇 가지에 대해 살펴본다.

① 코뮌: 세계 최초의 인민국가

마르크스는 파리코뮌을 노동자 국가라는 의미에서 프롤레타리아독재가 실현된 사회혁명으로 보았다. 이에 대해서는 다시 살펴보겠지만, 파리코뮌 당시의 프롤레타리아를 오롯이 무산자 혹은 노동자로만 볼 수는 없다. 오히려 이 시기의 프롤레타리아는 프랑스 혁명 이래 사회의 정치적 주체로 활동한 인민 혹은 민중으로 보아야 한다. 이들은 정치적 권리의 주체로서 시민으로 불렸다. 파리코뮌의 참가자 절반 이상이 프롤레타리아가 차지하고 있었다고 할지라도 파리코뮌은 파리의 인민·민중 또는 시민들의 주권으로 성립된 세계 최초의 인민국가·민중국가 혹은 시민국가로 보아야 한다.

인민주권은 "민중 대중을 포괄하는 개인들의 총체인 인민이 주권자라는 것"을 의미한다. 인민주권이 행사되는 파리코뮌에서 인민은 그들의 대표자 또는 평의회 위원들을 통하여 그들의 정치적 권리가 행사되지 않는다. 코뮌평의회를 비롯한 산하 위원회의 위원들은 인민들로부터 권리를 위임받은 자(délégué(s)), 즉 수임자에 불과하다. 그들은 위임자인 인민이 원하지 않으면, 또는 원하면 언제든지 해임 또는 소환(리콜)될 수 있었다.

파리코뮌 당시의 이러한 분위기는 국민군 중앙위원회의 3월 22일자 선언에서 분명하게 드러나 있다. "코뮌평의회의 위원들이 인민대중의 여론에 의해 끊임없이 통제·감시받고, 논의의 대상이 되는 것은 불가피하고, 또 그들이 해임되고, 책임을 지는 것은 당연하다. 그들에게 부여된 위임은 강제적인 것이다."

파리코뮌의 이 입장은 주권자로서 시민이 직접적으로, 또 적극적으로 정치에 참가해야 한다는 시민권사상에 의거한 직접민주주의와 관련을 맺고 있다. 또한 1793년에 채택된 <인간과 시민의 권리선언(Déclaration des droits de l'Homme et du citoyen)>(프랑스 인권선언)이 헌법 정신으로서 규정하고 있는 저항권이 현실적으로 발현된 것이기도 하다. 이 선언 제35조의 내용은 다음과 같다.

"정부가 인민의 권리를 침해할 때 저항은 가장 신성한 권리이자 절대적 의무로서 인민을 위한 것이고, 또 인민 각자의 몫을 위한 것이다."

저항권은 시민들의 "가장 신성한 권리이자 절대적인 의무"라는 이 조항이 내포하고 있는 헌법 정신에 따라 실제 파리코뮌 당시 법관을 포함한 모든 관리는 철저한 리콜제에 따르고, 관리의 정치적·직업적 선서 의무는 폐지되며, 그들의 월급은 노동자의 최고임금 수준을 넘을 수 없었다. 이 의미에서 20구 중앙위가 9월 22일의 선언에서 말한 코뮌은 '인민 자신에 의한 직접민주정부'였던 셈이다.

② 노동·사회정책

"우리는 3월 18일의 혁명이 노동자계급에 의해 이뤄졌음을 잊어서는 안 된다. 우리가 그들을 위해서 아무 것도 하지 않는다면, 나는 코뮌의 존재 이유를 인정하지 않겠다."

레오 프랑켈의 말처럼 인민대중의 정치혁명의 결과물로 탄생한 코뮌평의회는 프롤레타리아의 노동조건과 그 사회적·경제적 및 법적 지위를 개선하기 위한 많은 조치를 채택했다. 파리코뮌은 19세기 프랑스 노동운동에 결정적인 영향을 미쳤고, 사회 전반에서 노동자들의 정치력이 확대되는 계기가 되었다. 파리코뮌은 국제노동자협회가 슬로건으로 내걸고 있는 "노동자에 의한 노동자 해방"이 달성된 '노동자 국가'였다.

파리코뮌에 의해 채택·시행된 사회노동입법조치에 관한

몇 가지 사례를 들어본다.

첫째, 프랑켈의 발의로 4월 16일, "경영자에 의해 버려진 공장시설 접수와 노동자 협동조합에 의한 그 관리·운영에 관한 법률(데크레)"이 제정되었다. 이 법은 공장시설 접수 후 경영자가 돌아온다고 할지라도 어느 정도 보상조치가 이뤄지면 그 공장을 노동조합의 소유로 바꿀 수 있도록 하는 내용도 포함하고 있었다. 또한 주간 노동 시간은 최대 10시간을 넘지 못하도록 제한하고, 사업장의 경영진은 노동자에 의해 선출되도록 정하였다.

둘째, 4월 27일에는 노동자에 대한 벌금제와 임금공제가 금지되고, 4월 28일에는 빵 굽는 노동자의 야간노동을 금지하는 법령이 공포되었다. 하지만 양 조치에 대한 반발도 거셌다. 이에 대항하여 코뮌평의회는 전자에 대해서는, 공공조달을 위한 입찰 시 최저임금에 관한 기준을 제시하고, 이를 충족하지 못하는 업체는 제외시켰으며, 후자에 대해서는 위반자에 대한 생산제품 차압 등의 제재조치를 취했다.

그리고 코뮌평의회는 기업에서 노동자의 자주경영이 개시된다는 사실을 공표했다. 모든 기업에서 경영진(지도부)은 사업장별로 매 15일 마다 선출·교체되며, 경영진은 노동자들의 주장이나 의견을 들을 의무가 있었다.

이 외에도 코뮌은 사회민주주의의 실현에 관한 다양한 입법을 채택했다. 이를테면, 주택임대료법 제정, 채무만기법 폐지,

정부의 빈곤자 구제의무화, 공창제도 폐지 및 도박 금지 등을 그 주요 정책으로 들 수 있다.

③ 교육정책

노동·사회정책과 함께 교육정책은 코뮌이 이룩한 크나큰 업적으로 평가받고 있다. 그 중심에 에두아르 바이앙(Édouard Vaillant)으로 대표되는 교육위원회가 있다.

이 위원회는 4월 2일 "교회와 국가를 분리하는 법률(데크레)"을 제정하였다. 이 법률에 따라 코뮌은 가톨릭 수도회 계열의 학교를 접수하고, 정교분리에 입각한 세속주의 교육정책을 수립하였다. 코뮌에 의해 수립된 라이시테(laïcité)라 불리는 이 교육정책은 오늘날에도 프랑스 교육정책의 근간을 이루고 있다.

또한 교육위원회는 초등교육을 무료·의무화하고, 직업교육을 강화하였다. 코뮌은 남녀 각 한 개교씩 직업학교를 설립하고, 교육의 평등원칙에 따라 직업훈련과 지적 교양 함양의 유기적 통일을 도모하는 정책을 실시하였다.

그리고 또 한 가지 눈여겨 볼 것은, 코뮌의 예술지원정책이다. 교육위원회의 지원을 받은 화가 쿠르베는 '파리 예술가연합'을 조직하여 "정부의 모든 감독과 특권으로부터 해방된 예술의 자유로운 발전, 연합 회원 전체의 권리 평등, …, 예술가 각자의 독립성과 존중 보장"을 위한 정책을 제안했다. 이후 연극 부문에서도 연합조직이 만들어지는 등 예술가의 독자적인

창작 활동을 존중하고 지원하는 프랑스 특유의 정책 기조가
마련되었다.

④ 여성해방

파리코뮌에는 남성 중심의 파리 시민뿐 아니라 외국인과 여
성들도 참가하였다. 파리코뮌에 참가한 코뮈나르의 인적 구성
은 그만큼 다양하였다. 1871년 3월 30일 레오 프랑켈은 선거위
원회(Commission des élections)에서 다음과 같이 주장했다.

> "코뮌의 깃발이 보편적 공화국의 깃발임을 고려하여,
> 모든 도시가 이를 위해 봉사하는 외국인에게 시민권을 부
> 여할 수 있는 권리가 있다는 것을 고려하여..."

그의 이 말에서 보듯이 파리코뮌 당시 시민권은 프랑스 국
적을 가진 시민뿐 아니라 외국인도 가질 수 있는 당연한 권리
이기도 했다. 하지만 파리코뮌을 말할 때 특히 여성들의 역할
이 강조되어야 한다.

코뮌 당시 여성활동의 중심에는 러시아의 망명 귀족 엘리자
벳 드미트리프(Élisabeth Dmitrieff)와 인터내셔널의 여성 투사 나
탈리 르멜(Nathalie Lemel)의 지도 아래 결성된 최초의 여성대중
운동조직인 '파리방위 및 부상자 간호를 위한 여성동맹(Union
des femmes pour la défense de Paris et les soins aux blessés)'(이하,

'여성동맹')이 있었다.

여성동맹은 초기에는 주로 여성전사·종군간호사 모집 활동을 했으나 점차 노동권 및 임금평등을 주장하는 등 정치활동으로 그 영역을 확대했다. 여성동맹은 사업주에 의해 버려진 사업장을 조사하는 데 참여하고, 사업장의 자주경영을 조직하는 등 사회노동운동뿐 아니라 학교와 병원에서 "교회와 국가를 분리하는 법률(데크레)"의 적용을 지지하는 정치운동까지 관여하였다.

여성동맹의 활동에 대해 코뮌도 적극적인 지원책을 마련하여 시행하였다. 이를테면, 코뮌은 자유연합(자유혼인; Union libre)을 인정했으며, 이혼 등 독신으로 살고 있는 여성은 물론, 그 자녀(법률혼과 함께 사실혼 자녀 포함)들에게도 연금을 지급하였다.

이처럼 여성들은 노동과 사회운동은 물론 활발한 정치운동을 전개함으로써 그들의 활동 영역에 제한을 두지 않았다. 그 가운데서도 베르사유군에 대항한 시가전에서 보인 여성들의 담대한 태도는 가히 영웅적인 활동으로 평가할 만하다. 루이즈 미셸과 다수의 여성들은 베르사유군에 대항하여 파리를 사수하기 위하여 총을 들고 직접 교전에 참가하였다. 파리코뮌은 남성 중심의 노동자 국가를 넘어 여성해방을 위한 보편적·사회적 공화국이기도 했다.

14. 사회주의의 시각에서 바라 본 파리코뮌

　마르크스는 파리코뮌을 지켜보면서 『프랑스내전』을 썼다. 그리고는 코뮌이 패배한 직후인 1871년 5월 30일 국제노동자협회 총평의회(제1인터내셔널)에서 연설문의 형태로 발표하면서 파리코뮌을 적극 옹호한다.

　칼 마르크스는 『프랑스내전』에서 "각자의 자유로운 발전이 모두의 자유로운 발전의 조건이 되는 연합체"라는 의미에서 파리코뮌을 '프롤레타리아독재'라고 평가했다. 그는 정치혁명과 사회혁명을 구분하고, 후자는 전자와 달리 자본과 국가 장치의 동시적 변혁을 요구한다고 본다. 즉, 사회혁명을 위한 과정은 집권을 위한 당이 아니라 노동자 통제라는 새로운 정치 형태를 요구한다는 것이다. 그는 파리코뮌을 '새로운 정치 형태'로 보고, "코뮌은 본질적으로 노동자 계급의 정부였으며, 노동의 경제적 해방이 완성될 수 있는, 마침내 발견된 정치 형태"로 보았다.

칼 마르크스 〈프랑스내전〉 표지

| 독일어판(1922년) | 영어판(1934년) | 프랑스어판(1945년) | 한국어판(2003년) |

파리코뮌으로부터 영감을 받은 사회주의자는 마르크스만이 아니었다. 엥겔스와 레닌 등 많은 사회주의자들은 파리코뮌을 열렬히 지지하였다. 파리코뮌 20주년 기념일인 1891년 3월 18일 런던에서 엥겔스는 다음과 같이 연설했다.

　　"프롤레타리아독재. 좋다. 신사 여러분, 이 독재가 어떤 것인지 알고 싶은가? 파리코뮌을 보라! 그것이 프롤레타리아독재였다."

하지만 프롤레타리아독재라는 표현은 많은 논란을 불러일으켰다. 이 말이 "자본주의 독재(부르주아독재), 즉 자본이라는 '보편'을 해체해야 한다."는 뜻에는 이론의 여지가 없다. 하지만 자본이 가지는 속성에 대해서는 레닌으로 대표되는 볼세비키의 견해와 카우츠키의 견해는 많은 차이를 보이고 있다. 이에 대해 이재유는 양자의 견해를 아래와 같이 정리하고 있다.

　　"하나는 자본이라는 보편 자체는 원래부터 선험적으로 존재했던 것이 아니라 상품 사회 내에서 여러 상품들의 '동의'를 거쳐서 존재했던 '일반적인 것' 또는 '공통적인 것'이었기 때문에 다시금 새로운 '동의'를 거쳐서 새로운 일반적인 것 또는 공통적인 것을 도출해 내자는 입장이다. 다른 하나는 이러한 '동의'를 가능하게 할 수 있는, 즉 자

본이라는 '물신'을 가능하게 하는 '비물질적인 것'으로서
의 실체로부터 다시 새로운 판을 짬으로써 자본의 '물신'
(실체)성을 해체하자는 입장이다."

『프랑스내전』은 마르크스가 파리코뮌의 역사적 배경, 성과
와 의미에 대해 쓴 책이다. 그런데 마르크스가 국제노동자협
회 총평의회(제1인터내셔널)에서 연설문의 형태로 보고한 1871년
5월 30일은 코뮌이 '공식적으로' 진압된 지 이틀도 채 지나지
않은 날이다. 이 때는 자본이 가지는 보편의 해체에 대한 논란
보다는 프롤레타리아독재라는 표현 가운데 특히 '독재'가 가
지는 부정적 의미가 가지는 파급 효과가 더 컸다. 그 때문일
까? 마르크스도 '프롤레타리아독재'보다는 '혁명적 독재'라는
표현을 선호하였고, 그의 생애 동안 이 표현이 가지는 의미에
대해 다음과 같은 생각을 가지고 있었다.

"마르크스와 엥겔스에게 그들 생애의 처음에서 끝까지
그리고 예외 없이 '프롤레타리아의 독재'는 '프롤레타리아
의 지배', 즉 노동자 계급에 의한 '정치권력의 획득', 즉각
적인 혁명 이후 시기의 노동자 국가의 확립, 그 이상도 그
렇다고 그 이하도 아니었다."

프롤레타리아독재라는 표현은 블랑키(Auguste Blanqui)에 의

해 처음 사용되었다. 그 후 마르크스가 '부르주아독재'로 명명된 과두정치체제와 자본주의를 대체하는 사회의 이행단계를 '프롤레타리아독재'로 부르면서 사회주의자들에 의해 종종 사용되었다. 사회주의자들이 프롤레타리아독재라고 부르는 파리코뮌의 참된 비밀은 무엇일까? 이에 대해 마르크스는 다음과 같이 말한다.

> "코뮌은 본질적으로 **노동자계급의 정부**였고, 점유계급에 대한 생산계급의 투쟁의 결과였으며, 마침내 찾아낸 노동의 경제적 해방을 수행할 수 있었던 정치형태였다. 이 마지막 조건이 없는 코뮌 헌법은 불가능한 것이었고, 몽상이었다."

마르크스를 비롯한 사회주의자들은 파리코뮌에게서 국가가 소멸(절멸)된 '새로운 사회', 즉 '새로운 정치형태'를 '발견'하였다. 그 점에서 코뮌은 사회주의혁명에 의하여 '마침내 발견된', 노동의 경제적 해방을 수행할 수 있는 형태였던 셈이다.

레닌은 그의 저서 『국가와 혁명』에서 "모든 조직적·체계적인 폭력과 인간 일반에게 가하는 모든 폭력의 폐지", 즉 '국가의 폐지(혹은 소멸)'를 사회주의혁명의 궁극적 목표로 삼고 있다. 그 목표를 달성하는데 있어 코뮌은 "국가의 폐지 혹은 소멸을 위한 이행단계"다. 그를 비롯한 사회주의자들에게 파리코뮌은 국가의 폐지 혹은 소멸의 이행단계로서 프롤레타리아독재의 실제 사례였던 것이다. 이에 대해 레닌은 결론적으로 코뮌에 대해 이렇게 평가한다.

"코뮌은 부르주아 국가기구를 **분쇄**하려는 사회주의혁명의 첫 시도이며, 분쇄된 것을 **대체**할 수 있고, 또 반드시 **대체**하여야 할 '마침내 발견된' 정치형태이다."

구소연방의 정치체제에서 보듯이 마르크스의 프롤레타리아독재가 '(공산)당에 의한 프롤레타리아독재'를 염두에 두지 않았다는 것은 분명하다. 오히려 이 말은 사회(주의)혁명에 의해 달성된 '마침내 발견된 새로운 정치 형태'로서 '노동자 국가'로 이해하여야 한다. 파리코뮌은 마르크스가 꿈꾼 '새로운 정치 형태'로서 '노동자 국가', 다시 말해 그에게 파리코뮌은 '인류 최초의 노동자 국가'였던 것이다.

15. 아나키즘의 시각에서 바라 본 파리코뮌

1871년의 파리코뮌은 프랑스를 비롯한 유럽의 정치는 물론 사상과 철학 등의 발전에 무시할 수 없는 영향을 미쳤다. 그 가운데서도 아나키즘은 파리코뮌에게서 사상과 실천의 세례를 받았다고 할 수 있다. 파리코뮌 당시 바쿠닌은 이에 대해 다음과 같이 설명한다.

"혁명적 사회주의(즉, 아나키즘)는 파리코뮌에서 비로소 인상적이고 실천적인 실증을 기획하고 있었다. 아나키즘은 파리코뮌에서 노예로 취급되고 있는 모든 사람들에게 해방과 번영을 위한 유일한 길을 제시하였다. 파리는 부르주아 급진주의의 정치적 전통에 치명적인 타격을 가한 반면, 혁명적 사회주의에게는 현실적 기반을 주었다."

바쿠닌의 설명대로 파리코뮌은 파리라는 대도시가 국가나 중앙정부에 의해서가 아니라 시민들이 직접 그들의 대표를 선출하고, 구성한 조직을 중심으로 자치를 선언하고, 이를 현실적으로 실현했다는 점에서 아나키즘사상과 많은 면에서 닮아 있다. 미국의 아나키스트이자 여성주의자인 볼테린 드 클레어 (Voltairine de Cleyre)의 표현을 빌면, 파리코뮌은 '정치권력의 분산을 향한 일격'이었다.

코뮌의 이상과 현실은 아나키스트들에게 많은 영감을 주었다. 실제 루이즈 미셸, 르클뤼스(Reclus)형제, 유진 벌린(Eugene Varlin) 등 많은 아나키스트가 파리코뮌에서 중요한 역할을 했다. 코뮌에 의해 시작된 개혁의 일례로, 작업장의 협동조합으로의 재개편을 들 수 있다. 이를 통해 아나키스트들이 협동노동의 이념을 실천하기 시작했음을 알 수 있다. 1871년 5월까지 43개의 작업장이 협동조합 형태로 운영되었고, 루브르박물관은 노동자평의회가 운영하는 군수공장이 되었다.

프루동의 주장을 따르는 기계공조합과 금속노동자협회는 다음과 같이 주장했다.

> "우리의 경제적 해방은 노동자협회의 형성에 의해서만
> 달성될 수 있다. 이를 통해서만 우리의 지위를 단순임금
> 노동자에서 협회소속노동자로 전환할 수 있을 것이다."

그들은 '코뮌노동조직위원회(Commune's Commission on Labour Organisation)'로 하여금 자신들의 대리인에게 다음의 두 가지 목표, ① 인간에 의한 인간의 착취와 노예제의 마지막 흔적의 폐지, ② 공제조합과 양도불가능한 자본에 대한 노동의 조직화를 지지하도록 지시했다.

위원회의 지시는 "평등을 공허한 말로 만들지 않는다."는 아나키스트들의 기대를 반영한 것이다. 기계공조합은 4월 23

일 모임에서 "코뮌의 목적은 '경제적 해방'이어야 하고, 인간에 의한 인간의 착취를 폐지하기 위해 연대책임을 지는 협동조직을 통해 노동자를 조직해야 한다."고 결의했다.

코뮌나르들은 자주관리형 노동자 협동조직뿐만 아니라 프랑스혁명 당시의 직접민주주의 지역모임과 유사한 민중클럽이나 민중조직과 같은 네트워크를 통하여 직접민주주의를 실천했다. "민중들이여, 자신의 공공집회를 통해, 또 자신의 언론(신문)을 통해 자치를 하자!"고 어느 클럽의 신문은 주장했다. 또 다른 신문은, "코뮌은 결집된 민중의 표현"이라고 간주하며 다음과 같이 힘주어 강조했다.

> "코뮌의 힘은 속박이나 예속을 싫어하는 사람들이 모여
> 있는 모든 지역(동네)에 존재한다."

파리코뮌에 의한 민중자치의 분위기에 한껏 고무된 프루동의 지지자이자 친구이기도 한 예술가 구스타프 쿠르베는 다음과 같이 선언했다. 파리는 "진정한 파라다이스다. … 모든 사회단체가 연합으로 스스로를 확립하고, 자신의 운명의 주인이다." 당시의 파리의 분위기에 비춰보면, 그의 이 선언은 전혀 놀랄만한 일이 아니었다.

또한 코뮌의 <프랑스 민중에 대한 선언>에는 많은 중요한 아나키즘사상이 드러나 있다. 이 선언은, 사회의 '정치적 통일'

을 "모든 지역적 발의의 자발적 협력, 만인의 행복·자유·안전이라는 공통의 목적을 향한 모든 개인의 에너지의 자유롭고 자발적인 결집"에 의한 것으로 간주되고 있다.

코뮈나르가 마음에 그린 새로운 사회의 기초는 개인의 완전한 권리를 보장하고, 개별 프랑스인이 인간으로서, 시민으로서, 또 노동자로서 자신의 재능을 최대한 발휘할 수 있도록 보장하는 코뮌의 완전한 자치였다. 코뮌연합(또는 연방)이라는 이 비전과 함께, 바쿠닌은 다음과 같이 주장했다. 파리코뮌은 "대담하고 명확하게 계획된 국가의 부정"이다.

연합에 관한 코뮌의 사상은 프랑스 급진주의에 영향을 미친 프루동의 사상을 반영하고 있다. 1848년 프루동은 이미 '구속력 있는 위임의 실시'에 대해, 또 그의 저서 『연방의 원리』에서는 '코뮌연합'에 대해 찬성하고 있다. 실제 파리코뮌 당시 코뮈나르는 유권자의 위임 명령에 구속받고, 그들이 원한다면 언제든 소환의 대상이 되었다. 파리코뮌은 대리인의 연합에 근거한 '코뮌의 프랑스'라는 비전을 가지고 있었다. 코뮌의 이 비전은 프루동의 사상과 같은 것이다.

경제적 및 정치적 면에서 파리코뮌은 아나키즘사상에 크게 영향을 받고 있다. 경제적으로 프루동과 바쿠닌의 협동생산이론은 혁명을 통하여 실천되었다. 정치적으로 코뮌이 연합주의와 자치를 요구하는 가운데 아나키스트는 다음과 같은 비전을 보았다.

> "미래의 사회조직은 ... 노동자의 자유협동조직 또는 연
> 합에 의해 아래에서 위로 실행된다. 이 상호조직은 협동
> 조직에서 시작하여 코뮌에게, 지방에게, 국가에게, 그리고
> 궁극적으로는 국제적이고 보편적인 대연합에 도달한다."

그러나 아나키스트에게 있어 파리코뮌은 충분한 것이라고
는 말할 수 없다. 코뮌은 대외적으로는 국가를 부정하고 있었
지만 내부에서는 국가를 부정하지 않았다. 바쿠닌이 신랄하게
비난하고 있듯이 코뮌나르는 자코뱅적 방식에 의해 조직되어
있었다. 이에 대해 크로포트킨은 다음과 같이 신랄하게 비판
하고 있다.

> "자유 코뮌을 선언할 때 파리 민중들은 아나키즘의 주
> 요 원칙을 선언했다. ... 하지만 그들은 이내 좌절하고 말
> 았다. 그리고 고대 시의회를 흉내 낸 코뮌평의회에 자신
> 들의 몸을 던졌다. 즉, 파리코뮌은 국가의 전통·대의제
> 정부의 전통과 결별하지 않고 그 독립과 자유연합을 선언
> 함으로써 코뮌이 착수할 예정이라고 간주한 단순한 것부
> 터 고도화된 것들에 대한 조직화를 코뮌 내부에서 도달하
> 려고 시도하지 않았다. 이것이 바로 코뮌평의회가 관료적
> 형식주의로 꼼짝할 수 없게 된 참사의 원인이었고, 또 대
> 중과 지속적으로 접촉함으로써 생기는 감성을 잃어버리게
> 한 원인이기도 했다. 이로 인하여 코뮌평의회는 혁명의

중심 세력-민중-에서 멀어지게 되어 무력화되었으며, 민중
의 발의도 무효로 만들어 버렸다."

또한 파리코뮌에서는 경제 개혁의 시도도 철저하게 이루어
지지 않았다. 즉, 모든 작업장을 협동조합으로 개편함으로써
자본을 몰수하는 시도도 이루어지지 않았고, 협동조합 상호간
서로의 경제활동을 지원하고 조정하기 위한 협동조직을 만들
지도 않았다. 이에 대해 볼테린 드 클레어는, 파리는 "경제적
압제를 타격하는 데 실패했다. 파리가 도달하고자 했던 분명
한 목표는 생기지 않았다."고 지적하고 있다. 그녀가 생각하는
'파리가 도달하고자 했던 목표'는, "세계의 자본이 소유하고
있는 쓸모없거나 유해한 요소를 제거함으로써 경제문제가 실
제 생산자와 분배자 집단에 의해 합의를 통하여 조정되는 자
유공동체"이다.

파리가 프랑스군에 계속 포위되어 있었으므로 코뮈나르들
이 다른 일에 정신을 빼앗기고 있던 것은 이해할 수 있다. 하
지만 그런 자세야말로 재앙이었다. 크로포트킨은 당시의 파리
코뮌의 상황에 대해 신랄하게 비판한다.

"그들(코뮈나르들)은 경제 문제를 뒷전으로 하고 코뮌
이 승리 한 후에 처리해도 좋다고 생각하고 있었다. … 그
러나 그 후 압도적으로 패배하고, 중산층의 피에 굶주린

복수가 시작되었다. 경제 분야에서도 동시에 민중이 승리
하지 않으면, 민중코뮌의 승리는 물리적으로 불가능하다
는 것이 또 다시 입증되었다."

파리코뮌의 경험을 통하여 아나키스트들은 다음과 같은 분
명한 교훈과 결론을 얻었다.

"만약 독립코뮌을 통치하는 중앙정부가 필요치 않다면,
또 만약 중앙정부를 폐지하고, 자유연합에 의해 전국을
통일할 수 있다면, 지자체정부도 마찬가지로 불필요하고,
유해하다. 바로 그 동일한 연합원리가 코뮌 내부에서 작
동하는 것이다."

1789년~1793년의 프랑스대혁명 당시 파리지구(the Parisian
"sections")의 사례에서 알 수 있듯이 파리코뮌은 그 내부에서
국가를 폐지하지 않고 직접민주주의에 따른 대중결사조직의
연합체를 조직하였다. 즉, 파리코뮌은 대의제정부를 유지하고
있었으나 오히려 그로 인해 지속적으로 고통 받고 시달리게
되었다. 이에 대한 크로포트킨의 비판은 신랄하고 엄중하다.

"민중들은 그들 스스로 행동하는 대신 통치자를 신뢰하
고, 주도권을 그들에게 위임했다. 이것은 선거의 필연적
결과라는 것을 처음으로 보여준다. 그리고 평의회는 곧

'혁명에 대한 최대의 장애물'이 되고, 그 결과 '정부는 혁
명적이 될 수 없다는 정치적 공리'를 증명하고 있다."

　코뮌평의회는 민중으로부터 점점 멀어져 고립되었고, 그 결
과 점점 그 존재는 무의미하게 되었다. 무의미해질수록 권위
주의적인 경향이 대두되었으며, 평의회의 다수를 차지하는 자
코뱅파는 혁명을 테러에 의해 방위하는 '공안위원회'를 창설
하려고 했다. 소수파인 자유주의적 사회주의자는 그 위원회의
설치에 반대했다. 다행히 파리시민들도 그 위원회를 무시했다.
파리시민들은 자신들의 자유를 지키기 위해 자본주의 문명과
자유의 이름 아래 그들을 공격하는 프랑스군과 싸우고 있었기
때문이다.

　1871년 5월 21일 정부군은 파리시에 돌입하였고, 7일간 장
렬한 시가전이 계속되었다. '피의 일주일'이라 불리는 이 기간
동안 프랑스군 보병 부대와 부르주아의 무장자경단(武裝自警團)
이 거리를 돌아다니며 무차별적인 살육을 자행했다. 시가전에
서 25,000명 이상이 죽고, 항복 후에도 다수가 처형되었다. 그
시체는 집단묘지에 방치되었다. 장바티스트 클레망은 이때의
상황을 시 <피의 일주일>로 노래하였다.

　　내일이면 다시 경찰 나부랭이들이
　　거리에서 활개를 칠 것이다.

자기들의 복무를 뽐내듯
목줄에 권총을 차고서,
빵도 일자리도 무기도 없이
우리는 지배당할 것이다.
밀정과 경찰과
폭력적인 권력과 성직자들에 의해,
그래... 그것은 흔들리고
최악의 날들은 끝날 것이다.
그리하여 설욕전을 조심하라.
가난한 자들이 모두 함께할 때!

파리코뮌이 끝나고 부르주아들은 코뮌의 발생지인 몽마르트 언덕에 사크레 쾨르 사원(la Basilique du Sacré Cœur de Montmartre)을 세웠다. 이 사원은 파리 코뮌 동안 희생된 민중들의 영혼을 기리기 위한 목적으로 세워졌지만, 실은 부르주아들을 위협하는 급진주의자와 무신론자의 반란을

사크레 쾨르 사원

사전에 차단하기 위한 것이다. 몽마르트언덕에 세워진 이 사원은 파리코뮌의 희생자들에게는 '마지막 모욕'인 셈이다.

아나키즘의 현대적 가치와 의미

16. 아나키즘의 현대적 운동 방식: 우회 의제

한동안 정체에 빠져있던 아나키즘운동의 새로운 전기는 신자유주의와 세계화에 반대하는 운동의 형태로 부활했다. 1990년대 초 독일통일과 구소연방체제의 와해로 인하여 미국과 구소련을 중심으로 한 동서 양대 이념체제가 붕괴되었고, 이를 대체하여 경제적 이익에 충실한 신자유주의체제가 출범하였다. 구소연방체제가 붕괴한 국제질서는 미국을 중심으로 기존의 다극체제에서 단극체제로 급속히 재편되었다.

또한 인터넷의 발전은 영어를 명실상부한 세계공용어의 지위로 격상시켰으며, 세계화가 진전되어 국가들 간의 정치경제 사회문화 영역의 통합이 가속화되고, 그 상호의존성이 심화되었다.

이러한 환경 속에서 신자유주의와 세계화 반대 운동의 양상을 띠면서 아나키즘이 전면에 나서게 되었으며, 시민단체들의 국제연대와 결속이 강화되었다. "아나키즘이 현장에 다시 등장했다."는 토드 메이(Todd May)의 말대로 21세기 '아나키즘 르네상스'가 도래한 것이다.

1999년 11월 미국 시애틀에서 열린 세계무역기구(WTO) 각료회의 저지를 위한 국제시민단체들의 연대 시위는 21세기 '아나키즘 르네상스'를 이끈 계기가 되었다. 일명 '시애틀전투'로 불리는 시위에 이어 2010년 튀니지에서는 '아랍의 봄'으로 불리는 재스민 혁명이 시작되었다. 또한 2011년 "월가를 점령하라."는 월가 시위, 스페인의 "분노한 사람들"의 대규모 시위, 2014년 유럽과 미국 간 자유무역협정에 반대하는 "연대의 봄" 시위 및 2014년 브라질에서 일어난 월드컵 반대 시위 등이 전 세계에 큰 반향을 불러일으켰다. 이 가운데 1999년 '시애틀전투'는 21세기에 새롭게 전개될 아나키즘 운동 방식을 이해하는 데 시사하는 바가 크다.

<세계무역기구 설립을 위한 마라케쉬 협정> 전문(Preamble)은 "이 협정의 당사자들은, … 무역 및 경제활동 분야에서의 상호관계가 이루어져야 한다는 점을 인식하고, 개발도상국, 그리고 특히 그 중 최빈개도국이 국제무역의 성장에서 자기 나라의 경제를 발전시키는 데 필요한 만큼의 몫을 확보하는 것을 보장하기 위하여 적극적인 노력을 기울여야 할 필요성이 있다."고 밝히고 있다.

하지만 이 바람과는 달리, 1995년 1월 1일 WTO가 발족한 이래 선진국과 개발도상국 및 최빈개도국 간의 경제적 격차는 날이 갈수록 벌어져 이제는 도저히 회복할 수 없을 정도의 간극을 보이고 있다. 이러한 상황에서 세계 각지에서 몰려든 시민활동가들은 시애틀에서 대규모 시위를 벌였다. 당시 시위를 조직하고 운영한 시민활동가들의 모습에 대해 숀 쉬한은 다음과 같이 전하고 있다.

"5일간의 시위기간 내내 아나키즘의 주요 원칙들이 매우 성공적으로 작동했고, 아나키스트가 아닌 사람들도 그러한 원칙들을 받아들였다. 그 어떤 중앙집중화한 권위와 위계적 관료제도 출현하지 않았다. 그런데도 여러 상이한 단체들이 거리 행진, 인간 사슬, 현수막 게시, 거리 선전, 가두 연극 등 다양한 행동들을 조직하는 과정에서 놀라울 정도의 조율이 이뤄졌다."

　　또한 시위대들은 경찰들의 강제진압에 대해 '장난기 섞인 비폭력 전술'을 사용했다. 시위대가 한 맥도널드 가게를 덮쳤을 때 프랑스산 '로크포르'(양젖으로 만든 진한 냄새가 나는 치즈) 치즈 덩어리를 유리창에 던졌다. 사진 효과를 겨냥한 평화적 항의 방식을 택한 것이다. 그 후 시위대들의 이런 전술은 여러 국가와 지역에서 다양한 방법으로 전개되었다. 예를 들어, 온몸에 흰색 천을 뒤집어쓰거나 모의제복 착용, 요정복장을 한 채 깃털로 만든 먼지떨이(중무장한 경찰들 간질이는데 사용), 장난감용 투석기, 치어리더 차림의 외설적 스커트를 입고 방울솔 흔들기 등 '무기 아닌 무기'를 이용하여 공권력을 조롱하고, 마치 축제를 하듯 시위를 즐겼다.

　　반세계화 및 신자유주의에 반대하는 시위에서 사용된 이러한 전술에 대해서는 평가가 엇갈리고 있다. 혹자는 거대한 국가권력을 대상으로 고성능 플라스틱 폭탄인 셈텍스(Semtex)가 아닌 물감폭탄, 총이 아닌 물총을 사용하고, 요정차림을 하거나 흰색 옷을 걸치고 시위에 나서는 것, 그리고 솜을 넣어 우스꽝스럽게 부풀린 옷을 입거나 고무로 길쭉하게 만든 팔과 다리를 몸에 붙이고 시위에 나서는 것은 '유약한 히피식 점진주의'에 지나지 않는다고 비난하고 있다.

이러한 특유의 항의방식과 상징적 몸짓이 개별 사회 혹은 국가에 만연하고 있는 심각한 사회와 정치현실을 희화화시켜 오히려 시민연대와 결속을 무력화시키고 있다는 우려와 비판도 제기되고 있다. 하지만 우리가 주목할 점은, 평화적이고 비폭력적이어야 한다는 아나키즘에 적합한 운동 방식이 무엇인가라는 것이다.

아나키즘은 인간의 절대자유와 평화로운 공존을 지향하고 있는 사상이다. 그럼에도 불구하고, 아나키즘은 여전히 사회의 무질서와 무정부상태를 조장하고, 폭력마저 서슴지 않는 테러리즘으로 인식되고 있는 것도 사실이다. 폭력의 사용에 의한 직접행동은 '아나키즘=무정부주의', 혹은 '아나키스트=테러리스트'라는 고정관념을 형성하는 데 직접적 계기가 되었음을 부인할 수는 없다.

물론 이러한 직접행동이 필요한 정치적 혹은 사회적 상황이 있고, 또 그것이 정치 혹은 사회혁명으로 이어진 경우도 적지 않다. 오늘날에도 거대하고 조직적인 국가 및 자본주의에 대항하기 위해서는 시민들의 연대와 직접행동이 절실히 요구되고 있기도 하다. 몽똘(필명)은 "아나키즘은 무정부주의인가?"라는 칼럼에서 직접행동이 가지는 효용성에 대해 이렇게 주장하고 있다.

"직접행동으로 세상이 바뀌는가? 행동하는데 세상이 바뀌지 않는다면 그 또한 거짓이다. 내가 움직이는 순간 이미 세상은 좋든 싫든 어떤 방향으로건 움직이고 있다. 가만히 있어도 세상이 굴러가듯이 변하지 않는 세상은 없다. 내가 원하고 뜻하는 바대로 세상이 움직이면 좋겠지만 그건 이 세계에 같이 사는 사람들의 다양한 행동과 겹치고 부딪치며 결정되기 마련이다."

그의 항변대로 경찰은 세월호 진상규명을 요구하는 시민들의 평화적 시위를 막기 위해 차벽을 설치하거나 최루액(캡사이신)물대포를 사용하여 과잉진압 논란을 빚었다. 이것이 당시 우리나라에서 공권력이 시민들을 다루는 방법이다. 이러한 현실에서 라즈미그 크세이양이 <르몽드 디플로마티크>(2015년 5월호 한글판)에서 주장하는 "민중투쟁 약화가 민주주의의 위기를 초래했다."는 항변은 적확하다.

흔히 민주화 과정의 마지막 단계인 보통선거가 주권자인 시민들의 권리를 지켜주는 '최후의 보루'라고 한다. 하지만 바쿠닌에 의하면, "보통선거는 술책이요, 미끼요, 안전판"이고, "인민의 의지라는 이름과 구실하에 인민을 억압하고 몰락시키는 교묘한 수단"에 지나지 않는다. 불의하고 부정한 권위와 권력에 직접행동의 하나로 투쟁하고 저항하는 것은 시민의 고유한 권리이다. 이것을 부정할 수는 없다. 필요할 때는 거칠고 강하게 부딪히고 싸워야 한다. 다만, 이제는 다음과 같은 질문을 해볼 때가 된 것은 아닐까? "국가권력이 사용하는 폭력에 대해 폭력으로 맞서고 대항하는 것이 적절한 방법인가? 언제까지 맞설 것인가? 또 현실적으로 성공할 수 있을 것인가?"

직접행동과 함께, 또는 그와는 달리 국가 중심의 통치(혹은 지배)권력과 자본주의에 맞서는 아나키즘에 부합하는 새로운 운동방식에 대해 고민해야 할 때가 된 것은 아닐까? 그 하나가 '우회의제 운동방식'이다.

기 드보르(Guy Debord)에 의하면, 우회(détournement)는 "사람들이 그들의 삶을 유괴해 간 스펙터클을 되찾는 방법"이다. 그는 『스펙터클의 사회(Society of the Spectacle)』에서 현대사회와 현대인의 삶과 의식 깊숙이 자리한 스펙터클에 대해 신랄한 비판을 퍼붓고 있다.

> "현대 생산조건들이 지배하는 모든 사회들에서 삶 전체는 거대한 스펙터클의 축적물로 나타난다. 직접적으로 삶에 속했던 모든 것은 표상으로 물러난다. 스펙터클은 궁극적으로 잠을 자려는 욕망 이상 다른 어떤 것도 표현하

지 않는 감옥에 갇힌 현대 사회의 악몽이다. 스펙터클은
이 같은 잠의 수호자다."

따라서 드보르에게 있어 문자 그대로 '돌아가기'를 뜻하는
우회는, 스펙터클로 전락해버린 이미지·환경·분위기·행사
등의 의미를 역전시키거나 전복시키기 위해 방향을 바꾸고,
그 결과 탈환해내는 활동이다. 이러한 활동은 주로 1960년대
'문화 방해운동'을 이끌던 상황주의자(Situationist)들에 의해 주
도되었다.

그들은 우회를 이용하여 만화 등장인물의 말풍선 고치기,
거리의 폭과 빌딩 높이 수정하기, 문과 창문의 색상과 모양 바
꿔버리기 등과 같은 소극적 활동은 물론, 특정 종교의 사제복
으로 갈아입고 교회에 침투한 후 수천 관중을 향해 "신은 죽
었다!"고 엄숙히 선언하는 적극적 활동을 통해 "기존의 사회체
제를 대폭 전환시키는" 문화혁명을 일으키고자 시도하기도 하
였다. "우리는 이 세상을 파괴하겠다."는 선언에서 보듯이 그
들의 목표는 "(정신 폭탄으로) 이 세계에 혁명적인 의식과 투쟁을
불러일으키는 것"이다. 이 점에서 상황주의자들에 의한 문화
운동은 아나키즘과 아주 닮아있다.

이에 대해 숀 쉬한은, "반자본주의 운동으로 대표되고 있는
새로운 아나키즘은 폭력성을 띤 반란이라는 전통적 관념을 뒤
엎는 '우회'의 의제를 발전시키고 있다."고 보고 있다. 최근 아

나키스트들은 특유의 항의 방식과 상징적인 몸짓을 통해 신자유주의에 대항하는 새로운 형식으로 우회의제방식을 취하고 있다. 멕시코의 사파티스타와 1996년 이탈리아의 '야 바스타(Ya Basta)' 등은 그 전형적인 사례이다. 한 마디로 "폭력의 옷을 벗고 축제로!"라는 슬로건이 현대적 아나키즘이 취하는 새로운 형식이라고 할 수 있다.

우회의제 운동방식은 유독 현대 아나키즘에 와서 채용된 방식이 아니다. 19세기에 유럽에서 아나키즘이 시작될 무렵부터 우회의제방식으로 사용된 문화예술은 아나키즘 운동의 핵심부를 차지해왔다.

심지어 프루동은, 프랑스 정부가 1863년 국가공식미술전시회에서 쿠르베가 그린 회화 <회합에서 돌아오는 길(Le retour de la conférence; Return form the Conference)>

쿠르베, <회합에서 돌아오는 길>

의 전시를 거부한 사건이 그의 저서 『예술의 원리에 대하여』(1865)을 집필하게 된 계기가 되었다고 쓰고 있다.

미국의 아나키스트 엠마 골드만(Emma Goldman)은 아나키즘운동에 있어 문화예술의 중요성에 대해 이렇게 쓰고 있다.

"참된 인식으로 사회의 부당함을 진지하고 대담하게 묘

사하는 창작 방식은 가두 연단의 선동가가 보여주는 가장
격렬한 장광설보다 더 큰 위협이자 ... 보다 강력한 영감이
된다."

골드만의 이 말은 곧 "혁명의 본체는 텍스트다. 결코 폭력이
아니다."는 사사키 아타루의 주장과도 일맥상통한다. 사사키는
독일에서 루터에 의한 종교혁명을 그 예로 들면서, '텍스트 읽
기와 쓰기'가 가지는 혁명적 파괴력에 주목한다.

"우리가 이 대혁명에서 집중해야 하는 것은 혁명의 과
정에서 폭력으로 권력을 탈취하는 것이 반드시 선행되어
야 할 일은 아니었다는 것입니다. 텍스트를 읽고, 다시 읽
고, 쓰고, 다시 쓰고, 번역하고, 천명하는 것. 그 과정에서
폭력적인 것이 나타나는 일은 있습니다. 저는 그것을 부
정하지는 않습니다. 하지만 그래도 혁명에서는 텍스트가
선행합니다. 혁명의 본질은 폭력이 아닙니다. 경제적 이익
도 아니고, 권력의 탈취도 아닙니다. 텍스트의 변혁이야말
로 혁명의 본질입니다."

'아나키즘 르네상스'를 맞은 21세기에 '우회 의제 방식'은
아나키즘운동이 지향해야 할 방향이란 점은 분명하다. 그 가
운데서도 '텍스트 읽기와 쓰기'와 '몸짓'은 핵심 내용이다. 즉,
"텍스트를, 책을, 읽고, 다시 읽고, 쓰고, 다시 쓰고, 그리고 어

쩌면 말하고, 노래하고, 춤추는 것"이다. 이것이 "혁명의 근원"이다.

예술가(혹은 문학가)들의 창조적 자유는 근본적으로 절대자유를 지향하는 아나키스트들의 사고와 닮아있다. 그들은 "무엇이 용인될 수 있는지를 명령하는 위계 관계나 타인을 억누르는 권력을 거부"하기 때문이다. 창조 활동은 인간이 가진 사고 활동의 절대자유를 전제로 하여 가능하다.

프랑스의 아나키스트 세바스티앙 포르(Sébastien Faure)는, "권위를 부정하고 그에 맞서 싸우는 사람이라면, 누구나 아나키스트다."라고 말했다. 그의 말대로, 예술가 혹은 문학가뿐 아니라 권위를 부정하고 절대자유를 원하는 모든 사람은 아나키스트다. 모든 사람은 지배와 권위에 젖은 사회의 변혁을 이끌어내는 '창조적 파괴자들'이다.

17. 또 다른 미래의 상상: 아나키 공동체와 새로운 사회질서를 향하여

장 프레포지에는 역저(力著)『아나키즘의 역사』를 마무리하면서 다분히 격정적이고, 웅변적인 목소리로 아나키즘의 미래에 대해 다음과 같이 쓰고 있다.

"절대자유주의를 위한 투쟁이 아무런 쓸모가 없다고 말할 수 있는가? 전혀 그렇지 않다. 우리는 우선 엄청난 사회적 혼란의 순간에 전방에 선 그들의 모습을 볼 수 있었다. … 아나키스트는 대체 불가능한 역사의 근원처럼 항상 타인을 위해 싸워야 한다. 그들은 씨앗을 뿌리되 수확을 거두지는 않는다. 그것이 바로 그들의 운명이다. 그럼에도 불구하고, 그들이 꿈꾸는 자유, 투쟁으로 얻으려는 자유는 영원히 인간의 상상 속에서 맴돌 것이다."

장 프레포지에,
『아나키즘의 역사』 표지

프레포지에의 말처럼 인간이 꿈꾸는 자유와 투쟁으로 얻으려는 자유는 현실 세계가 아닌 인간의 상상 속에 존재하고 있는 지도 모른다. 인간이 제 아무리 국가 없는 사회와 국가 대체적인 사회를 바란다고 할지라도 국가와 정치 없는 사회란 오히려 비현실적이기 때문이다. 절대자유를 위한 투쟁의 역사를 통해 우리가 경험적으로 알게 된 것은 결국 "국가와 정치는 남는다."는 사실(혹은 진리!)이 아닐까.

프루동과 바쿠닌과 같은 초창기의 아나키스트들은 국가와 정치권력을 부정하고, 개인의 자유를 최상의 가치에 두었다. 오늘날에도 아나키즘이 지향하는 이 본질적 가치와 이념은 변하지 않고 있다. 하지만 국가와 정치권력을 부정한다고 하여 사회적 동물인 인간세계에서 과연 국가와 정치는 사라질 것인가? 또한 국가와 정치가 사라진 상태에서 아나키즘이 추구하는 개인의 절대자유가 보장될 수 있을 것인가?

이 질문에 대한 대답은 아나키즘이 거쳐 온 역사적 경험에서 찾을 수 있다. 개인적으로 이 질문에 단적으로 답하건대, "아니오!", 아니 "불가능하다!" 오히려 아나키즘과 아나키스트들이 현대사회에서 추구하는 바가 무엇인지, 또 이루고자 하는 바가 무엇인지에 대해 고민하고, 그 실천적 대안을 찾는 것이 바람직하다고 본다.

앞서 언급한 세바스티앙 포르는 아나키스트에 대해 이렇게 정의하고 있다.

"모든 아나키스트는 다른 부류의 사람과 구분되는 공통점을 지니고 있다. 사회 조직에서 권위주의를 부정하고 이를 토대로 설립된 제도의 모든 규제를 증오한다는 것이다. 따라서 권위를 부정하고 그에 맞서 싸우는 사람이라면, 누구나 아나키스트다.”

포르에 따르면, 현대사회에서 아나키스트가 투쟁의 대상으로 삼는 것은, 사회조직으로서 '국가 자체'라기보다는 '국가에 존재하는 권위주의'다. 만일 국가가 민주주의가 아니라 권위주의에 의거하여 설립되고, 또 그에 의해 마련된 법제도가 적용되고 있다면, 그 국가는 필연적으로 아나키즘과 대립할 수밖에 없다. 마찬가지로 개인의 절대자유를 지향하는 아나키스트들은 이러한 권위적 국가주의를 극복하기 위해 강하게 저항할 수밖에 없다. 결국 국가 혹은 사회의 권위주의에 저항하는 모든 사람이 바로 아나키스트다.

오늘날의 국내외 상황을 돌아보면 개인은 그 어느 때보다 복잡다기한 사회체제 속에서 살아가고 있다. 개인의 자유에 대한 욕구가 큰 만큼 권위에 기반을 둔 국가통제는 그 어느 때보다 치밀하고 정교해지고 있다. 이러한 현상은 1990년대 초 구소련방을 위시한 동구 사회주의권의 몰락과 신자유주의와 자본주의가 결합하여 전개된 세계화와 더불어 한층 가속되고 있다. 게다가 인터넷의 등장은 국내외사회의 구조와 환경의 급속한 변화를 가져왔다.

인터넷은 국가 간 물리적 국경의 철폐, 사람의 자유로운 이동 보장 및 정보의 신속한 확산과 공유를 가능하게 하는 긍정적인 효과가 있다. 반면, 거대자본과 국가에 의한 정보의 독점으로 오히려 개인의 자유가 제한되고 사생활이 침해되는 등의 부작용도 적지 않다. 그러나 역설적이게도 이러한 상황은 새로운 운동 형태로서 '아나키즘 르네상스'를 가져오는 계기로 작용하고 있다.

20세기 후반까지 아나키즘은 사회주의운동에 밀려 잠시 퇴조하는 양상을 보이고 있었으나 21세기 초반에 들어선 현재 아나키즘은 새로운 부흥기를 맞고 있다. 이 시점에서 우리는 아나키즘이 지향하는 해묵은 질문을 다시 해볼 필요가 있다.

"국가 없는 사회는 가능할까?"

아나키스트들이 꿈꾸는 사회의 모습을 한마디로 표현하면 이렇게 될 것이다. 하지만 이 질문은 다음과 같은 반론에 직면한다.

"과연 국가 없는 사회는 가능한가? 과연 국가 없이도 사회질서의 유지가 가능할까?"

근대국가체제가 확립된 이후 국가와 개인은 불가분의 관계를 맺고 있다. 인간은 국가 없는 사회를 꿈꾸면서도 반대로 국가 없는 사회를 떠난 삶을 꿈꿀 수 없는 아이러니하면서도 역설적 현실에 처해있다. 문제는, 인간이 국가에 의해 지배받고 통치되고 있음에도 정작 "국가란 무엇인가?"에 대해 정의를 내리기가 여간 어렵지 않다는 점이다.

사전적 정의에 의하면, "일정한 영토와 거기에 사는 사람들로 구성되고, 주권에 의한 하나의 통치 조직을 가지고 있는 사회 집단"이 곧 국가다. 그리고 그 국가를 구성하는 세 가지 요소가 있는데, 국민·영토·주권이다. 오늘날에는 외교능력을 포함시켜 네 가지 요소로 보고 있다.

위 정의에 의하면, 국가를 구성하는 네 가지 요소인 "국민·영토·주권 및 외교능력"은 형식적으로는 병렬적 관계(즉, 국민=영토=주권=외교능력)에 있다. 하지만 근대국가를 주권국가라고 부르고, 다른 요소에 주권을 더하여 국민주권, 영토주권, 대외주권으로 부르듯이 국가의 구성요소 중에서 주권은 절대적 비중을 차지하고 있다.

"주권은 국가의 절대적이며, 영구적인 권력이다."

장 보댕(Jean Bodin; 1530~1596)의 이 말은 국가권력의 행사에서 주권이 가지는 의미를 명확하게 표현하고 있다. 그런데 이렇게 강력한 주권을 행사하는 국가는 '유형적 실체'가 없다. 따라서 실체가 없는(즉, '무형적 실체'로서) 국가는 입법·사법·행정기관으로 대표되는 그 기관을 통하여 주권을 행사한다. 이때 국가가 행사하는 주권이 지배권 내지는 통치권이다.

이와 같은 고전적 주권이론은 토마스 홉스와 존 로크, 그리고 장자크 루소가 주장한 사회계약설과 밀접한 관련을 맺으면서 국민주권사상으로 정립된다. 이 사상에 의하면, 주권은 국민에게 있으므로 국가의 정치 형태와 구조를 최종적으로 결정하는 권력은 국민에게 있다. 우리 헌법도 제1조 2항에서 "대한민국의 주권은 국민에게 있고, 모든 권력은 국민으로부터 나온다."고 규정하여 이 원칙을 명시하고 있다. 국민주권사상은 국가권력 차원에서 행사하는 통치권 내지는 지배권과 팽팽한 대립과 긴장관계를 형성하며 발전하여 왔다.

아나키란 말은 "지배(자) 혹은 통치(자)가 없음"이란 뜻이다. 이러한 사회는 인간 사이의 관계가 절대자유와 평등의 상태가 유지되어야 가능하다. 더욱이 아나키즘은 원칙적으로 국가를 부정한다. 아나키즘과 국가는 본질적으로 양립할 수 없었던 것이다. 따라서 아나키스트들에게 있어 국가 중심적 사회는 도저히 수용할 수 없는 체제이다. 그들이 추구하는 "지배하는 자도 없고, 지배받는 자도 없는 사회"는 아나키사회 혹은 아나키 공동체가 아니면 도저히 이룰 수 없다.

그렇다면 인류역사에서 다분히 이상적인 아나키사회 혹은 아나키 공동체가 나타나고 실현된 적이 있었던가? 아나키스트들은 파리코뮌, 헤이마켓 희생자(Haymarket Martyrs), 생디칼리스트조합의 설립, 러시아혁명 때의 아나키스트들, 이탈리아공장 점거운동 때의 아나키즘, 스페인혁명 때의 아나키즘 및 1968

년 프랑스 5월혁명 등을 그 실례로 들고 있다.

이러한 역사적 경험과 사례를 통하여 아나키즘은 국가 없는 사회의 이상적이고 현실적 형태로 공동체를 지향하고 있다. 이는 위에서 북친이 말한 "자율적이고 분권화된 작은 공동체"로서 아나키사회 혹은 아나키 공동체를 말한다. 국가체제에 비하여 공동체가 '열린' 개념임은 분명하다. 이를테면, 28개 개별 주권국가로 구성된 유럽연합(EU)를 보더라도 국가주권은 국가 단위보다도 지역 단위의 공동체에서 행사될 때 훨씬 개방성을 띤다.

공동체를 열린 개념으로 이해할 때 모든 공동체에는 세 가지 속성 혹은 특징을 가지고 있다. 즉, 공동체는, ① 그 공동체를 이루는 구성원이 공통적인 신념과 가치를 가지고 있고, ② 그 구성원들의 관계는 직접적이고 다면적이며, ③ 호혜성(reciprocity)의 바탕 위에 설립·운영된다. 그러나 무엇보다 아나키 공동체를 결정짓는 핵심적 특징은 바로 자발성, 즉 '자치와 자율, 그리고 자유'일 것이다. 이에 대해 글렌 알브레히트(Glen Albrecht)는, 아나키스트들은 "외부의 힘 혹은 권위를 사용하지 않고 자발적 질서의 자유로운 전개에 중점을 두고 있다."고 강조한다.

하지만 아나키 공동체를 만들고, 운영하는데 성공했다고 할지라도 그 이행에는 여전히 현실적인 문제(어쩌면 치명적인 한계 상황)에 봉착하게 된다. 평등주의적 아나키 공동체는 국가의 보호 아래 유지될 수밖에 없고, 또 국가에 의해 정복 혹은 식민

지화되거나 흡수될 가능성이 높다. 이는 국가 없는 사회로서 아나키 공동체가 가진 치명적인 약점이자 한계라고 할 수 있다.

근대주권국가체제가 형성된 이후 아나키 공동체를 결성하려는 시도를 지극히 현실적으로 이해하면, 국가 없는 사회는 크게 두 가지 형태를 띠고 있다. 하나는, 코뮌이나 키부츠와 같은 전체적 공동체의 형태로, 다른 하나는, 아나키즘의 이념에 바탕을 둔 협동조합, 집산적 모임, 이웃의 모임과 다른 관습 및 직접행동의 계획, 상호부조 및 자주관리 등의 부분적 공동체의 형태로 나타난다.

전체적 혹은 부분적 공동체 어느 형태든 중요한 것은, 아나키 공동체는 권위와 과도한 경쟁위주의 위계질서를 벗어나 자유로운 개인들로 구성된 '자유연합' 혹은 '자유사회'여야 한다. 모든 사회가 아나키사회일 수도 없고, 또 모든 사람이 아나키 방식으로 생활할 수도 없다. 또한 아나키스트들은 완벽한(혹은 완전한) 사회를 바라는 것이 아니다. 오직 그들이 바라는 것은, '개인의 절대자유'가 보장되는 사회다. 자유가 보장되어야 비로소 사회와 개인은 서로 성숙·발전하면서 공정한 사회를 만들어낼 수 있기 때문이다.

아나키 공동체에서 개인은 어떤 자세를 가져야 할까?

"코뮌의 구성원(개인)들은 (코뮌의) 바깥뿐 아니라 그 안에서도 아나키스트가 되어야 한다."

크로포트킨의 말처럼 코뮌의 안팎에서 '개인=나'는 늘 '아나키스트=자유인'임을 잊지 않아야 한다. 삶의 주체이자 주인으로서 나는 언제 어디서든지 깨어있어야 한다. 그리고 나의 자유를 구속하고 억압하는 국가(혹은 정부)로 대표되는 일체의 체제와 형식이나 관념을 거부하고, 그(들)에 의해 부당하게 행사되는 권력 및 권위에 대항하여 싸워야 한다.

나를 규정하는 것은 국가가 아니라 바로 '나 자신'이다. 주권자로서 '나=개인'이 종복(從僕)인 국가를 규정하고, 지시하고 명령한다. 국가여, '주권자=나' 앞에 무릎 꿇고 고개 숙이라. 그대가 살 길은 이것밖에 없다.

19세기 유럽의 아나키즘 연대기

연도	사건
1664.6.15~1729	장 멜리에
1719~1729	장 멜리에, 『장 멜리에 성경』 발간
1756.3.3~1836.4.7	윌리엄 고드윈
1762	볼테르, 『장 멜리에 성경』(발췌·요약본) 발간
1789.7.14~1794.7.27	프랑스대혁명
1793	윌리엄 고드윈, 『정치적 정의』 발간
1806.10.25~1856.6.26	막스 슈티르너
1809.1.15~1865.1.19	피에르-조제프 프루동
1814.5.30~1876.7.1	미하일 알렉산드로비치 바쿠닌
1830.7	7월혁명
1840.6	피에르-조제프 프루동, 『소유란 무엇인가』 발간
1842	미하일 알렉산드로비치 바쿠닌, <독일에서의 반동>
1842.12.9~1921.2.8	표트르 알렉세예비치 크로포트킨
1844.11	막스 슈티르너, 『유일자와 그 소유』 발간
1846	피에르-조제프 프루동, 『경제적 모순의 체계 또는 빈곤의 철학』 발간
1848.2	2월혁명
1852	막스 슈티르너, 『반동의 역사』 발간
1858	피에르-조제프 프루동, 『혁명의 정의와 교회의 정의』 발간
1863	피에르-조제프 프루동, 『연방의 원리』 발간
1869	미하일 알렉산드로비치 바쿠닌, <상속문제위원회 보고서>
1870.9.4	제3공화국 선언
1871.1.28	파리함락/티에르임시정부
1871.3.18~5.28	파리코뮌
1896	표트르 알렉세예비치 크로포트킨, 『청년에게 고함』 발간
1898	존 헨리 멕케이, 『막스 슈티르너 저작 모음 제1집』 발간
1901	표트르 알렉세예비치 크로포트킨, 『근대 과학과 아나키즘』 발간
1902	표트르 알렉세예비치 크로포트킨, 『상호부조: 진화의 요인』 발간

참고문헌

1. 공통문헌

김은석, 『개인주의적 아나키즘』, 우물이 있는 집, 2004.

로버트 폴 볼프(임홍순 옮김), 『아나키즘: 국가권력을 넘어서』(원제: In Defense of Anarchism , 책세상, 2001.

마루야마 겐지(김난주 옮김), 『나는 길들지 않는다』, 바다출판사, 2014.

마이클 테일러(송재우 옮김), 『공동체, 아나키, 자유』, 이학사, 2006.

멕시코 사파티스타 반란군 부사령관 마르코스 지음(윤길순 옮김), 『우리의 말이 우리의 무기입니다』, 해냄, 2002.

박홍규, 『자주·자유·자연' 아나키즘 이야기』, 이학사, 2004년.

방영준, 『저항과 희망, 아나키즘』, 이학사, 2006.

사사키 아타루 지음(송태욱 옮김), 『잘라라 기도하는 그 손을』, 자음과모음, 2010.

숀 쉬한(조준상 옮김), 『우리 시대의 아나키즘』, 필맥, 2003.

안상헌, "아나키즘 르네상스", in: 표트르 크로포트킨, 아나키즘, 도서출판 개신, 2009.

앨런 앤틀리프 지음(신혜경 옮김), 『아나키와 예술: 파리코뮌에서 베를린장벽의 붕괴까지』, 이학사, 2015.

玉川信明(이은순 옮김), 『아나키즘』, 오월, 1991.

자크 아탈리, 『세계는 누가 지배할 것인가』, 청림출판사, 2012.

장 프레포지에(이소희·이지선·김지은 옮김), 『아나키즘의 역사』, 이룸, 2003.

존 몰리뉴(이승민 옮김), 『아나키즘: 마르크스주의적 비판』, 책갈피, 2013.

칼레 라슨 외 지음(길예경·이웅건 옮김), 『애드버스터: 상업주의에 갇힌 문
　　　화를 전복하라』, 현실문화연구, 2004.

표트르 크로포트킨(백용식 옮김), 『아나키즘』, 충북대학교 인문·사회연구
　　　총서 8, 도서출판 개신, 2009.

하승우, 『아나키즘』, 책세상, 2008.

한기영, 『초기 사회운동의 이념』, 신서원, 1997.

H. 리이드(정진업 역), 『시와 아나키즘』, 형설출판사, 1983.

2. 아나키즘이란 무엇인가/19세기 유럽 아나키즘의 사상적·역사적 배경

김상용, "자연법의 재생", 한독법학 제20호, 2015.4.

조천수, "자연법과 사물의 본성", 저스티스, 제77호, 2004.2.

최이권·연정열, 『법철학사상』 [동양·서양편], 법경출판사, 1986.

3. 장 멜리에

<Le Testament de Jean Meslier>

https://bsstock.files.wordpress.com/2014/03/le_testament_de_jean_meslier.pdf

<vie et testament de jean meslier>, éditions de la palabre du savoir.

https://lapalabredusavoir.files.wordpress.com/2011/09/testament_jean_meslier3.pdf

Brian McCliton, "Jean Meslier's Testament"

http://humanistni.org/filestore/file/meslier%20.pdf

4. 윌리엄 고드윈

윌리엄 고드윈(피터 마셜 엮음; 강미경 옮김), 『최초의 아나키스트』, 지식의
　　　숲, 2006.

5. 막스 슈티르너

김은석, "슈티르너의 에고이스트적 아나키즘", in: ≪개인주의적 아나키즘≫,
　　　우물이 있는 집, 2004.

박종린, "바쿠닌과 슈티르너의 아나키즘과 식민지 조선", 동양정치사상사
　　　제7권 1호.

박종성, "아나키즘 철학의 운명과 정치 철학의 과제", 진보평론 2012년 가
　　　을(제53호), 2012.9.

박종성, 『슈티르너의 '유일자'(der Einzige) 개념에 대한 비판적 고찰: '유일
　　　자', '고유성', '연합' 개념을 중심으로』, 건국대학교 박사학위논문,
　　　2014.8.

박종성, "슈티르너의 '자유주의' 국가 비판의 현대적 의미", 시대와 철학,
　　　한국철학사상연구회, 22권1호, 2011.

정문길, "막스 슈티르너의 생애와 저작: 슈티르너 연구 1", 법학행정논집,
　　　고려대학교 법학연구원, 19권, 1981.

雅美住吉, "マイックス・シュティルナーの近代合理主義批判(6)", 北大法學論
　　　集, 43(4).

Daniel Guérin, No Gods, No Masters: An Anthology of Anarchism, AK Press,
　　　2005.

Max Stirner, ≪Der Einzige und sein Eigenthum≫, 1. Digitalauflage Berlin 2002,
　　　Dreigliederungsverlag

Max Stirner(Trans. by STeven T. Byington), ≪The Ego and His Own≫, New
　　　York, Benj. R. Tucker, Publisher, 1907.

John Henry Mackay, ≪Max Stirner's Kleinere Schriften und Entgegnungen auf die
　　　Kritik seines Werkes)≫

https://de.wikisource.org/wiki/Max_Stirner's_Kleinere_Schriften_und_Entgegnungen

6. 피에르-조제프 프루동

김성주 · 이규석, "아나키즘과 인간의 자유: 절대자유의 사상에 관한 일고찰", 사회과학(제42권 제2호, 통권 제55호, 2009).

박홍규, 『자주 · 자유 · 자연 아나키즘 이야기』, 이학사, 2004년.

이용재, "유럽연방을 꿈꾼 사회주의자: 피에르 조제프 프루동", in: 통합유럽연구회, 『인물로 보는 유럽통합사』, 책과 함께, 2010년.

이용재, "유럽연방을 꿈꾼 사회주의자: 피에르 조제프 프루동", in: 통합유럽연구회, 『인물로 보는 유럽통합사』, 책과 함께, 2010년.

장 프레포지에(이소희 · 이지선 · 김지은 옮김), 『아나키즘의 역사』, 이룸, 2003.

피에르 조제프 프루동(이용재 옮김), 『소유란 무엇인가』(대우고전총서 009), 아카넷, 2003년.

Pierre-Joseph Proudhon, *Du Principe fédératif*, Première partie, Chapitre II.

Pierre Joseph Proudhon, *Qu'est ce que la propriété?*(1840)

7. 미하일 바쿠닌

김우현 · 배규성, "바쿠닌의 연방사상", 환태평양연구, 제5집, 1992

남석주, "슬라브애호주의의 사상적 기원: 끼레예프스끼와 셸링이 사상적 관계성을 중심으로", 러시아연구 제12권 제1호.

배규성, 『미하일 바쿠닌: 자유, 혁명 그리고 유토피아』, 세명, 2003.

이종훈, 『바꾸닌의 아나키즘에 관한 연구』, 박사학위논문, 서강대학교 대학원, 1993.

이종훈, "바꾸닌 사상에서의 자유와 사회 혁명의 문제", 서양사론 제45호.

존 몰리뉴(이승민 옮김), 『아나키즘: 마르크스주의적 비판』, 책갈피, 2013.

E.H. 카(이태규 옮김), 『미하일 바쿠닌』, 이매진, 2012.

Mikhail Bakunin, <Man, Society, and Freedom>(1871)

Mikhail Bakunin, <The Reaction in Germany)>(1842)

Mikhail Bakunin, <The Reaction in Germany: From the Notebooks of a
    Frenchman>(October 1842)

Mikhail Bakhunin, <Statehood and Anarchy>(1873)

Mikhail Bakunin, <Report of the Commission on the Question of Inheritance>(1869)

Michel Bakounine, <Oeuvres>, tome I, 1900.

Michel Bakounine, <Oeuvres>, tome III, 1900.

Michel Bakounine, <Oeuvres>, tome IV, 1900.

Paul McLaughlin, <Mikhail Bakunin: The Philophical Basis of His Anarchism>,
    Algora Publishing, 2002.

Alexander Gray, <The Socialist Tradition, Noses to Lenin, London-New
    York-Toronto>, 1946.

バクーニン(勝田吉太郎譯), 『神と國家』(世界の名著, 第42卷), 中央公論社, 2005.

玉川信明(이은순 옮김), 『아나키즘』, 오월, 1991.

勝田吉太郎, Katsuda Kichitaro, "バクーニンの革命思想: マルクス主義との對
    決", スラブ研究(Slavic Studies), 3:7-65.

8. 표트르 크로포트킨

Pyotr Kropotkin, <The Conquest of Bread>(1907)

<Mutual Aid: A Factor of Evolution>(1902)

<An Appeal to the Young>(1896)

<The State: Its Historic Role>(1897)

<Memoirs of a Revolutionist>(1898)

<Field, Factories, and Workshops>(1899)

<Modern Science and Anarchism>(1901)

<Ethics>(1921)

크로포트킨, 하기락 옮김, 『근대과학과 아나키즘』, 신명, 1993.

표트르 크로포트킨(백용식 옮김), 『아나키즘』, 개신, 2009.

표트르 크로포트킨, 김유곤 옮김, 『크로포트킨 자서전』, 우물이 있는 집, 2014.

P.A. 크로포트킨, 홍세화 옮김, 『청년에게 고함』, 낮은산, 2014.

P.A. 크로포트킨, 김영범 옮김, 『만물은 서로 돕는다: 크로포트킨의 상호부
　　　조론』, 르네상스, 2014.

9. 파리코뮌

가쓰라 아키오, 정명희 옮김, 『파리코뮌』, 고려대학교 출판부, 2007.

블라디미르 일리치 울리야노프 레닌 지음 ; 문성원, 안규남 옮김, 국가와 혁
　　　명 : 마르크스주의 국가론과 혁명에서 프롤레타리아트의 임무, 파
　　　주 : 돌베개, 2015.

윤선자, 『이야기 프랑스사』, 청아출판사, 2013.

이재유, "프롤레타리아 독재에 관하여-레닌과 카우츠키의 보편 논쟁을 중심
　　　으로-, 시대와 철학(제25권 4호(통권 69호, 2014).

자크 타르디 지음/장 보트랭 원작(홍세화 옮김), 『그래픽노블 파리코뮌: 민
　　　중의 함성』, 서해문집, 2016.

조지 카치아피카스(원영수 옮김)(카치아피카스 1), 『한국의 민중봉기』- 민중
　　　을 주인공으로 다시 쓴 사회운동사 1894 농민전쟁~2008 촛불시위,
　　　오월의 봄, 2015.

조지 카치아피카스(원영수 옮김)(카치아피카스 2), 『아시아의 민중봉기』- 필
　　　리핀, 미얀마, 티베트, 중국, 타이완, 방글라데시, 네팔, 타이, 인도네
　　　시아의 민중권력, 1947~2009-, 오월의 봄, 2015.

칼 맑스 지음 ; 최갑수 해제 ; 안효상 옮김 프랑스 내전, 박종철출판사, 2003.

현재열, "실현된 유토피아? 1971년 파리코뮌의 현재성", 문화/과학(2011년
겨울호(통권 68호), 2011.12)

<Anarchist FAQ> *What is Anarchism? A.5.1 The Paris Commune* 출전:
https://en.wikibooks.org/wiki/Anarchist_FAQ/What_is_Anarchism%3F/5.1

Eugene Schulkind (ed.), *The Paris Commune of 1871: The View from the Left.*

Hal Draper, *"Marx and the Dictatorship of the Proletariat"*, Bob Jessop ed., *Karl
Marx's Social and Political Thought: Critical Assessment,* Vol. III, The State,
Politics, and Revolution.

Prosper-Olivier Lisagaray, *Histoire de la Commune de 1871*(1896.5).

René Rémond, *Introduction à l'histoire de notre temps,* t. 2 (Paris: Seuil, 1974)

Voltairine de Cleyre, *"The Paris Commune" Anarchy! An Anthology of Emma Goldman 's
Mother Earth.*

저자 채형복__ 경북대학교 법학전문대학원 교수

저자는 모든 사람이 자유롭고 평등한 존재로서 개인의 존엄성을 존중받으며 행복하게 사는 지구촌공동체를 꿈꾼다. 그런 세상에서는 국가의 이름으로 서로가 서로를 적으로 삼아 죽이고 약탈하는 내전이나 전쟁은 일어나지 않을 것이다. 국가가 더 이상 전쟁기계가 아니라 사랑과 평화의 성전일 수는 없을까?
인간사회에서 국가는 사라지지 않을 것이다. 하지만 '국가 없는 사회'가 불가능하다고 하여 그런 사회를 간절히 바라고 꿈꿀 수 없는 것은 아니다. 학자는 꿈꾸는 사람이다. 만일 학자가 하늘에 반짝이는 별을 어린왕자가 사는 동화나라가 아니라 단지 기하학상의 하나의 점이나 선으로만 본다면 우리의 현실은 암담할 것이다.
평화로운 세상을 꿈꾸며 학문의 세계에 뛰어든 저자는 프랑스에서 유럽연합(EU)법으로 박사학위를 취득했다. 그 후 EU법과 국제인권법 등의 전공분야에서 백 편 이상의 논문과 스무 권 이상의 학술저서를 출간했다. 그러나 저자의 관심은 전문지식의 추구에만 있지 않다. 시인-재판관, 재판관-시인을 꿈꾸며 『바람이 시의 목을 베고』 등 일곱 권의 시집과 법정필화사건을 다룬 『법정에 선 문학』을 펴냈고, 시인-작가로 살고 있다.

경북대 인문교양총서 ㊲

19세기 유럽의 아나키즘

초판 1 쇄 발행 2019년 1월 29일
초판 2 쇄 발행 2019년 12 월 6일

지은이 채형복
기 획 경북대학교 인문대학
펴낸이 이대현
편 집 이태곤
디자인 안혜진
마케팅 박태훈 안현진

펴낸곳 도서출판 역락
주 소 서울시 서초구 동광로 46길 6-6 문창빌딩 2층
전 화 02-3409-2060(편집), 2058(마케팅) **팩 스** 02-3409-2059
등 록 1999년 4월 19일 제303-2002-000014호
전자우편 youkrack@hanmail.net
홈페이지 www.youkrackbooks.com

ISBN 979-11-6244-358-3 04340
978-89-5556-896-7 세트

* 책값은 뒤표지에 있습니다. * 파본은 구입처에서 교환해 드립니다.

* 이 도서의 국립중앙도서관 출판시도서목록(CIP)은 서지정보유통지원시스템 홈페이지(http://seoji.nl.go.kr)와 국가자료공동목록시스템(http://www.nl.go.kr/kolisnet)에서 이용하실 수 있습니다. (CIP제어번호 : CIP2019001377)